Governance Modernization of
Research Universities

研究型大学
治理现代化

郭华桥 ◎ 著

中国海洋大学出版社
·青岛·

图书在版编目(CIP)数据

研究型大学治理现代化/郭华桥著.—青岛:中
国海洋大学出版社,2017.5
ISBN 978-7-5670-1610-1

Ⅰ.① 研… Ⅱ.① 郭… Ⅲ.① 高等学校－学校管理－
研究 Ⅳ.① G647

中国版本图书馆 CIP 数据核字(2017)第 262353 号

出版发行	中国海洋大学出版社				
社　　址	青岛市香港东路 23 号		邮政编码		266071
出 版 人	杨立敏				
网　　址	http://pub.ouc.edu.cn				
电子信箱	appletjp@163.com				
订购电话	0532－82032573(传真)				
责任编辑	滕俊平		电　　话		0532－85902342
装帧设计	青岛汇英栋梁文化传媒有限公司				
印　　制	北京虎彩文化传播有限公司				
版　　次	2017 年 5 月第 1 版				
印　　次	2017 年 5 月第 1 次印刷				
成品尺寸	170 mm × 230 mm				
印　　张	9.5				
字　　数	180 千				
印　　数	1~2000				
定　　价	39.80 元				

　　大学四年，笔者沉浸在作为校报记者写各种"豆腐块"的快乐中，以"为师生执言，推动学校发展"的初衷，写了许多校园采访和活动报道。后来，我有幸成为校报的两位学生副主编之一。在此过程中，我对大学运行也有了一些初步了解。

　　2001年大学毕业，笔者留校在校报编辑部工作。2005年底调入新闻与文化传播学院工作，有幸参与学院迎接2006年本科教学工作水平评估工作，一度身兼三职——科研秘书、教学秘书、研究生教学秘书，使笔者与学校教务部、科研部、研究生院均有接触，进一步熟悉了相关部门的业务工作。由于迎接评估工作期间认真工作的热情打动了学校高等教育评估与研究中心的负责人，2008年底我调入该中心工作，除逐步接手编辑《财经政法教育新视界》刊物外，还参与学校教学自评估工作，并为教学督导员提供服务。简言之，八年辗转三个部门，让我更加了解学校教学、科研部门的运行状况。2011年，高等教育评估与研究中心与学科办公室、发展规划部合并，我的工作内容范围进一步扩大，同时也参与了一些重要的专项工作。例如，全程参与了学校"十二五"战略规划的编制、两校区资源整合、2013年《高等教育评论》的创办、2014年学科建设制度改革、2015年学科建设经费使用细则的制定、2016年理职明责工作、2017年大数据信息化决策平台论证工作。

　　所幸，身边总有老师和长辈提醒：在高校工作，要多练笔。尽管起初很多成果是工作总结性的论文，但也让我养成了笔耕不辍的习惯。在与许多高教研究专家接触的过程中，原本内向、不爱说话的自己变得一点不怯场了，也慢慢认识到只有以学术为志业，才能得到快乐。

　　写作是很辛苦的事情，但虽累犹乐。笔者逐渐找到了一条适合自己的发展道路——"工作内容成果化，成果反哺工作"，即对所从事的工作进行学术思考，用学术成果反哺和促进工作。一方面,不论是分内的工作还是分外的工作,只要有机会参与,就尽力做好;另一方面,以"局外人"的身份,观察场域内工作发生的过程。即便没有参与的工作,也尽可能让自己"在场"观察。一定程度上,这也是一种"田野观察",是质性研究的一部分。

现在,笔者根据这十多年的工作思考,力图从中总结出研究型大学制度建设和治理过程中需要树立的五大观念,希望对大学治理实践有所启发。

一、大人才观

研究型大学的发展离不开一流的师资和一流的生源。建设一流师资队伍、吸引一流生源是互为促进的关系。"水能载舟亦能覆舟"这种警示常记心头,方能使管理者回归"管理育人""服务育人"的初心。只要大学管理者将教师视为"人才",让教师感受到尊严、体面和温暖,激活教师专注教学、科研的内生动力,他们就会竭尽全力做到"蜡炬成灰泪始干"。既加强外部一流人才引进,又有效减少内部一流人才流失,方能提升一流师资队伍建设的效能。同样,只要教师将学生视为潜力无限的"人才",激活学生向学的内生动力,教师的传道授业效果将会更好。学生们有了远大的前途,通过网络传播、口碑传播自然会吸引更多的优质生源报考该所大学。

二、大格局观

研究型大学成为巨型组织后,内部出现了肩负各种使命的治理部门,如规划部、教务部、科研部、研究生院、组织部、人事部、财务部。这些部门需要向多个主体负责,如学校分管领导、学校党委,并接受教育主管部门相关机构的指导。同时,大学肩负人才培养的根本任务,基于学科、专业的不同又设立了多个教学单位(学院)。

但是,笔者发现在研究型大学治理过程中存在以下三种现象。第一,治理部门通常专注于自身的工作,对其他部门的工作内容不太在意,导致信息不对称,部门间的相互协作往往需要校领导从中协调。建议治理部门间加强信息沟通,将学校发展视为一个整体,以战略规划为引导,既各司其职,又通力合作,使学校提速发展。第二,治理部门更多关注各种条条框框的限制,在学院争取发展资源时,给予支持的力度有限。治理部门应该敢于担当,只要有利于学校整体发展,不违背国家法律法规,就应该及时修订、完善内部过时的制度,尽力支持学校发展。第三，一级学科的二级学科往往分散在多个学院中，学科资源整合的难度相当大。

这里重点论述第三种情况。如今，学科评估、"双一流"验收主要评价一级学科，这对于二级学科分散在多个学院的一级学科而言，发展困境越来越明显，必须进行有效的资源整合。因此，更需要以大格局观和整体视角来进行建设。

1. 以"全校一盘棋"的整体视角建设

首先，对该一级学科的相关二级学科的学术优势进行评估，明确各个学院"在舞台上的站位"，并根据相关学院新兴、交叉学科的潜在优势进行长远发展布局。其次，根据"双一流"建设任务、学科评估指标，并结合高等教育发展规律，明确各个学院的近期和中期目标，并给予相应的投入，即形成该一级学科全校"一盘棋"的整体布局和优势，将多个"拳头"集中起来同时发力，形成强大效能。各个学院要根据各自的近期和中期任务查漏补缺，既集中火力做大、做强优势学科，也兼顾扶持新兴、交叉学科。

2. 激活"学院办大学"的潜力

学院有明确的任务和发展蓝图，才能更好地有的放矢。建议学科办公室和一级学科执行委员会研究各个学院的现状，有针对性地实行"一院一策"，激活"学院办大学"的潜力。从长远来看，只有多个学院"火力全开"，全速发展，才能使该一级学科的发展更有持续性。

三、"成人之美"

"成人之美"，即"利他主义"。意在强调人力资源管理中坚持以人为本。大学治理制度设计、治理实践旨在促进学校全体师生员工发展，激活学校各群体发展的内生动力。全体师生员工可进一步细分为：教师群体，分为助教、讲师（"高龄"讲师）、副教授、教授（学科带头人）等子群体；行政人员群体，分为基层队伍、中层干部（"双肩挑"教授干部）、校级领导；非教师专业技术群体；学生群体。

研究型大学内部治理制度现代化在于通过制度引导，激活全体师生员工的进取心和创新力，使各群体及其子群体在学校战略规划勾勒的共同发展愿景的指引下，充分发挥内生动力，为实现学校跨越式发展贡献全部力量，同时实现"只要努力就能过上美好生活"，达到学校发展和职业发展的"双赢"。

但在现实政策执行过程中,由于条条框框的限制、"一刀切"做法,凉了一些教师的心,使他们萌生退意。建议在不妨碍制度公正公平执行的前提下,多"成人之美",充分体现组织的温暖,而非制度的冰冷。

四、大校友观

高校治理者需要树立大校友观,即所有关心、支持本校发展的人都应被视为校友,不仅限于取得学位、在校培训过或进修过的学生。除了争取捐赠外,还可以积极争取诸如智力、信息、舆论、道义等方面的支持。在一些重大发展机遇面前,学校能否抓住宝贵时机,离不开广大校友的支持。

五、大互动观

大学外部的社会因素给予大学压力,希望大学能立竿见影地发挥作用。但是,大学不能完全被社会因素所牵制,应保持足够的理性,以引领社会发展。即大学与政府、市场、社会应努力促成"和谐共生"的互动关系,使研究型大学实现长足发展。

对于国家发布的高等教育政策,研究型大学需要认真学习,积极与政府相关部门沟通,做到信息对称。同时,研究型大学还应成为模范践行道德规范、引领公民向善的标杆。这是研究型大学作为高深知识生产和传播型组织应肩负的社会责任。

上述五大观念对制定合乎德性的大学制度和治理实践大有裨益。

笔者所持某些观点因受前辈、同行和同事的启发而来,在此一并表示感谢!一些不成熟的想法,还有待进一步探索,敬请各位读者不吝指教。

著　者

2017 年 3 月

目录
CONTENTS

第一章
研究型大学的内涵与现代化治理构想

现代大学历经数百年发展,衍生出不同的类别、层次。研究型大学作为其中一个重要的组成部分,其发展路径为其他类型高校的发展提供了重要借鉴。因此,总结、探讨和反思研究型大学的治理过程,梳理其治理现代化的经验,可有利于我国的高等教育发展,促进世界一流大学和一流学科建设。

第一节　研究型大学的产生与发展

一、早期的研究型大学

最初的大学诞生于中世纪的意大利和法国,博洛尼亚大学和巴黎大学分别是学生大学和教师大学的组织原型。

(一)英国牛津大学、剑桥大学的诞生过程

12 世纪之前的英国没有大学,学生主要寄读在法国和其他欧陆国家。这表明法国当时的高等教育国际化程度比较高。1167 年,英王亨利二世和法兰西菲利普二世之间产生矛盾,英王召回了在巴黎的英国学者,并且禁止英国人再去法国求学。回国后的学者们自发汇聚在牛津市,为英王和教会建立牛津大学提供了重要的师资队伍。①13 世纪初,牛津大学的一些师生与当地的一些市民偶尔会发生冲突。1209 年,因一名牛津大学的学生练习射箭时误杀了一位妇女,导致大

---

① 别敦荣,蒋馨岚. 牛津大学的发展历程、教育理念及其启示 [J]. 复旦教育论坛,2011
（02）:72—77.

学师生与市民爆发激烈冲突,两名牛津大学的学者被当众吊死。后来牛津大学被迫停课,一批师生逃离到了安静的剑桥小镇,并在教会的支持下建立了剑桥大学。① 牛津大学、剑桥大学的创办经历证明了知识分子对高等教育发展的独特作用。当然,知识分子自身也需要大学这种组织为他们提供栖息地。

(二)现代大学的诞生:德国柏林大学

1808 年,时任德国文化教育司司长的著名学者威廉·冯·洪堡受命筹建柏林大学。② 1810 年,柏林大学正式建校,由于威廉·冯·洪堡被委任为维也纳大使,所以第一任校长由德国杰出哲学家费希特担任。同一时期,德国的其他高校虽强调科学研究,但仍旧以教学为主。柏林大学建校之初即确定办学目标为致力于专门的科学研究,并确信科研方面卓有成就的优秀学者将是最好和最有能力的教师。③ 因为柏林大学主张教学和科研相结合,故柏林大学被称为现代大学的起源。而教学和科研相结合这种卓越的思想精髓正是来源于洪堡,所以第二次世界大战结束后,柏林大学一分为二,其中一所就改名为"柏林洪堡大学"。

(三)美国研究型大学的兴起

在经历了与法国的百年战争后,英国几乎失去了所有在法国的领地,继而转向寻求海上霸权。17 世纪初,首批英国移民到达北美东海岸。移民中有 100 多名清教徒,他们曾在英国的牛津大学或剑桥大学受过教育,为了使后代也受到良好的教育,他们决定兴办学校。④ 因该校设于纽敦而得名"纽敦学院",1638 年纽敦更名为"剑桥"(Cambridge),遂该校也更名为"剑桥学院"。⑤ 1639 年,为纪念捐赠人、英国剑桥大学文学硕士约翰·哈佛牧师,剑桥学院再次更名为"哈佛学院";1780 年,其扩建、更名为"哈佛大学"。哈佛大学与 1693 年建立的威廉与玛丽学院、1701 年建立的耶鲁大学成为全美最早的三所大学。这三所大学后来均

---

① 别敦荣,隆芳敏. 剑桥大学的发展历程、教育理念及启示 [J]. 现代大学教育,2011(04):36-41.

② 刘海峰,史静寰. 高等教育史 [M]. 北京:高等教育出版社,2010:364-366.

③ 〔德〕鲍尔生. 德国教育史 [M]. 滕大春,滕大生,译. 北京:人民出版社,1986:125.

④ 刘永刚. 哈佛大学 [J]. 民办教育研究,2003(01):102-105.

⑤ 刘宝存. 大学的创新与保守——哈佛大学创建世界一流大学之路 [J]. 比较教育研究,2005(01):35-42.

成为世界一流大学。

这三所大学为美国培养了一批重要的政治人物。1775 年,美国独立战争爆发,这三所大学培养的学生为美国建国和发展做出了重要贡献。例如,马萨诸塞几乎所有著名的、寻求美国独立的斗士都是哈佛大学的毕业生,包括《独立宣言》起草人之一、第二任美国总统约翰·亚当斯。美国《独立宣言》的主要起草人和美国的第三任总统托马斯·杰斐逊在 1760—1762 年就读于威廉与玛丽学院。托马斯·杰斐逊任总统期间从法国的拿破仑手中购买了路易斯安娜,使美国领土扩大了一倍,并在卸任总统后创建了美国第一所州立大学——弗吉尼亚大学。美国第五任总统詹姆斯·门罗于 1774 年入读威廉与玛丽学院,1776 年与三名教员及 25 名学生一起参加反英斗争。连任总统后,他于 1823 年发表的《门罗宣言》客观上支持了美洲各国独立,也使美国赢得了更多的发展时间。耶鲁大学有四名校友在《独立宣言》上签名。①

19 世纪初,拿破仑对法国大学严加控制和改造,实行专业培训教育,并规定了课程和考试制度,学校人员只有讲课的老师和主持考试的监考人员。② 因此,19 世纪初许多美国人更愿意去德国大学考察和学习。据相关资料显示,在 1815—1914 年的 100 年间,美国约有一万人留学德国,这对于 1910 年仅有九千多万人口的美国而言不是小数目。③

丹尼尔·吉尔曼 1852 年从耶鲁大学本科毕业后在欧洲游历了两年,德国大学的科学研究精神给他留下了深刻印象。后来,丹尼尔·吉尔曼在 1872—1874 年被委任为加利福尼亚大学(今加州大学伯克利分校)的校长,但是他的权力受到政治、教派等因素的过分干预,终究无法实现他在美国创建研究型大学的理想。1875 年,丹尼尔·吉尔曼被邀请担任筹建中的约翰·霍普金斯大学的校长,他创建研究型大学的抱负终于有机会得以施展。他拟定的办学目标——培养研究生、增进高深学问,得到了董事会的高度认同。1876 年 9 月,约翰·霍普金斯大学正式建校,标志着全美第一所研究型大学的诞生。之后,丹尼尔·吉尔曼进行了一系列卓有成效的治理行动,使该校的学术生活被全面激活。例如,非常注重一流

① 王英杰. 论大学的保守性——美国耶鲁大学的文化品格 [J]. 比较教育研究,2003(03):
　　1-8.

② 〔德〕鲍尔生. 德国教育史 [M]. 滕大春,滕大生,译. 北京:人民出版社,1986:126.

③ 马万华. 从伯克利到北大清华——中美公立研究型大学建设与运行 [M]. 北京:教育科
　　学出版社,2004:18.

师资队伍的建设,注重引进海归人员,推行客座教授制度;大规模实行研究生助学金制度,吸引优秀生源,并设立博士学位(Ph.D);积极营造学术交流平台和组织,引导学校创办多份高水平学术期刊,并建成全美第一个大学出版社,创办了多个学术团体。①

丹尼尔·吉尔曼通过设立研究生院将教学与科研有机结合起来,成为世界研究型大学最初的制度模型。19 世纪末,哈佛大学、耶鲁大学、哥伦比亚大学、密歇根大学等老牌名校纷纷效仿约翰·霍普金斯大学,迅速发展,并最终使美国在 20 世纪初超过德国,成为世界高等教育的新中心。②

赴德国考察的还有威廉·哈珀。1891 年,他参与芝加哥大学的重建,改革完善了学校结构:大学本部设置专业学院及研究生院,负责教学和科研;大学附设部为当地工人和农民开设课程与讲座;推广部负责印刷和出版各种通告、学术著作、期刊。同时,他还将四年制学院分为初级学院、高级学院,以便成绩平平者体面地结束学业;他以惊人的说服力和高薪到处挖人,使学校短时间内建立了一支非常优秀的教师队伍。1894 年,该校成为引领美国高等教育与研究发展方向的大学之一。③

1900 年,美国大学协会(AAU)成立,标志着美国研究型大学形成了自己的群落。④

在此,有必要对约翰·霍普金斯大学后来的发展状况做些补充说明。正所谓"成也萧何败也萧何",丹尼尔·吉尔曼创校时的一些想法在后来的实践中并没有一贯坚持下去,董事会的决策也出现了一些问题,以致后来约翰·霍普金斯大学从研究型大学的引领者沦为追随者。⑤第二次世界大战后,在多位杰出校长带领下,约翰·霍普金斯大学重新抓住机会迅速发展,最终重列世界一流大学之林。⑥

---

① 刘春华. 吉尔曼与约翰·霍普金斯大学的崛起 [J]. 高校教育管理,2017(01):14-20.

② 张磊. 科教融合的结构化与研究型大学的起源——约翰·霍普金斯大学的制度创新 [J]. 高等教育研究,2016(05):79-86.

③ 别敦荣,陶学文. 芝加哥大学的发展历程、教育理念及其启示 [J]. 华中师范大学学报(人文社会科学版),2011(05):137-142.

④ 刘海峰,史静寰. 高等教育史 [M]. 北京:高等教育出版社,2010:436-437.

⑤ 沈一丁. 从引领到追随:约翰·霍普金斯大学波动发展研究 [D]. 湘潭:湖南科技大学,2016:25-30.

⑥ 王旭燕. 约翰·霍普金斯大学发展探析 [J]. 合肥工业大学学报(社会科学版),2015(03):134-139.

这说明研究型大学的发展需要科学的决策和不断进行创新,逆水行舟不进则退。

从约翰·霍普金斯大学和芝加哥大学的发展历史中不难看出:办好大学,既需要以开放的视野借鉴他国先进的思想,又必须与本土实践结合,实行创新战略,并要始终注重一流人才队伍建设;亦步亦趋单纯效仿其他高校,很难成为引领者。

二、"研究型大学"概念的强势传播:《卡内基高等教育机构分类》

"研究型大学(research university)"的概念真正广为人知,得益于美国卡内基教育基金促进会发布的调查报告——《卡内基高等教育机构分类》(*A Carnegie Classification of Institutions of Higher Education*)。该报告每隔几年更新一次,获得广泛认可,并且被我国学者介绍到国内。

(一)《卡内基高等教育机构分类》的产生背景

第二次世界大战后,美国高等教育进入急剧扩张时期,被称为美国高等教育的"黄金时期"。得益于政策激励和民众对高等教育的需求,战前只有不到 10% 的人上大学,战后这一数字攀升到 51%[1],美国高等教育从精英教育阶段迈向大众化、普及化教育阶段。美国学者马丁·特罗以大学学龄青年接受高等教育的人口比例为标志,将高等教育发展分为三个阶段:高校仅能容纳 15% 以内的适龄青年时,为精英教育阶段;能够容纳 15%—50% 的适龄青年时,为高等教育大众化阶段;能够容纳超过 50% 的适龄青年时,标志着高等教育进入普及化阶段。[2]

1960 年加利福尼亚州实施了高等教育总体规划,首次把美国高等教育划分为两年制的社区学院、四年制的州立学院、授予博士学位的大学。[3] 研究型大学较第二次世界大战前大大增多。于是,复杂、多元的美国高等教育结构基本形成:一方面许多私立大学成为世界知名的大学;另一方面州立大学、社区学院等公立高等教育机构容纳了大部分学生,并且很多是多校区办学。20 世纪 60 年代初期,加州大学已拥有近 10 万名学生,因而被克拉克·克尔称为巨型大学——"一个不

---

① 刘海峰,史静寰. 高等教育史 [M]. 北京:高等教育出版社,2010:440.
② 王廷芳. 美国高等教育史 [M]. 福州:福建教育出版社,1995:150.
③ 陈学飞. 美国高等教育发展史 [M]. 成都:四川大学出版社,1989:162-163.

固定的、统一的机构,由若干社群组成:本科生社群和研究生社群;人文主义者社群、社会科学家与自然科学家社群;专业学院社群;一切非学术人员社群;管理者社群"①。在诸多因素作用下,至 1970 年美国高校数量已达到 2525 所,较 1951 年增加 800 多所,招生人数达到 858 万余人,占适龄人口的 35%。② 特别是 1965 年到 1968 年,三年新增高校 291 所。由此可见,20 世纪六七十年代美国高等教育系统已日趋复杂和多元,对其进行评估自然也被提上了议事日程。这就是《卡内基高等教育机构分类》产生的时代背景。

(二)《卡内基高等教育机构分类》的影响及评述

只有扎根大地的研究,才可能取得长远的影响。学界从来不乏这种研究。而教育学科的研究更是特殊,其他学科的学者常常漫步至此并产生了一些影响深远的成果。非教育学科学者担任高校领导职务后,只要其卓越的管理实践对高等教育发展产生了积极的影响,就会被称为"教育改革家",这种现象古今中外不胜枚举。美国著名劳动经济学家、工业经济学家克拉克·克尔就是其中一位。克拉克·克尔于 1954 发表的《劳动力市场的分割》③被称为"劳动力市场分割理论"的发轫之作,他也因此被称为"美国高等教育改革的设计者"。克拉克·克尔在教育方面的贡献有:① 担任加州大学总校校长期间,倡议并主持制定《加州高等教育整体规划(1960 年)》,建立了加州公立高等教育系统的三级模式,即研究型大学、研究教学型大学、社区学院。至此,加州的公立高等教育形成了一个兼顾平等与优秀、满足不同需求的梯级体系,美国的公立高等教育出现了全新的组织模式。④ ② 在卡内基基金会的支持下,历经十余年,主持完成了《卡内基高等教育机构分类》。

中、美学者对卡内基高等教育机构分类研究的起源和变迁有着比较一致的看法——该研究违背了研究者的预期目标。史静寰教授等认为该分类最初被定位于一种研究工具、一种对美国高等教育多样性具有解释力的分析框架,并不特

---

① 〔美〕克拉克·克尔. 大学的功用 [M]. 陈学飞,等,译. 南昌:江西教育出版社,1993:12.

② 史静寰,赵可,夏华. 卡内基高等教育机构分类与美国的研究型大学 [J]. 北京大学教育评论,2007(02):107-119.

③ 赖德胜. 分割的劳动力市场理论评述 [J]. 经济学动态,1996(11):65-67.

④ 郄海霞. 当代高等教育转型的设计师——克拉克·克尔高等教育思想评介 [J]. 中国大学教学,2005(07):58-61.

别针对任何机构,也不承担对不同机构进行评价、奖惩、规划或建设的职能;特别强调没有任何必要增加授予博士学位的研究型大学的数量,保持并增强高校在类型和专业设置方面的多样性,抵制趋同化,维持高校数量的相对稳定。① 美国学者格拉汉姆和戴蒙德直言不讳地指出该项研究起源颇具讽刺意味,目的是把决策者的注意力从美国的研究型大学身上引开,强调绝大多数的非研究型大学的多样性和社会重要性;目标是要利用卡内基的声望力量,改变美国高等教育的投资方式,并强调在可预见的将来没有必要再建任何授予哲学博士学位的研究型大学,② 现实却是美国研究型大学的数量增长速度更快。

为什么卡内基高等教育机构分类研究一直强调研究型大学的数量已经足矣,无须再增加呢? 克拉克·克尔认为高等教育机构应分类分层发展,推行"中学后"教育。在中国语境下,即实行职业学院教育、应用技术型大学教育、多学科行业特色大学教育、综合型大学教育、高层次的研究型大学教育。任何研究都会有其自身的局限性,克拉克·克尔同样会受自身所处位置及当时美国高等教育的现状影响。《卡内基高等教育机构分类》的对外公布时间为 1973 年。21 世纪 70 年代初,美国高等教育从 60 年代的"黄金时期"步入"停滞调整"时期。① 美国陷入了"越战"的泥沼,青年参战和"婴儿潮时代"结束导致高校生源不足,容易产生不扩大高校规模以维持现状的心理。② 校园学生运动兴起、反"越战"情绪高涨,社会对高校的期望有所降低。1967 年,克拉克·克尔沦为加州大学伯克利分校持续骚乱的牺牲品,应时任地方长官罗纳德·里根的紧急要求被董事会开除③,转而被卡内基基金会聘任。③ 1970—1982 年美国经济处于"滞胀"时期,1968 年起来自政府、社会的捐赠开始减少。④ 克拉克·克尔倡导高等教育系统实行三级模式,希望各层级的教育机构都能得到比较"均衡"的财政支持。但是,研究型大学对国家经济科技发展的促进作用、公众对优质高等教育的强烈需求超出他的预期。

然而,我们不能因为卡内基高等教育机构分类研究与设计者的初衷相去甚

---

① 史静寰,赵可,夏华. 卡内基高等教育机构分类与美国的研究型大学 [J]. 北京大学教育评论,2007(02):107-119.

② 〔美〕休·戴维斯·格拉汉姆,南希·戴蒙德. 美国研究型大学的兴起——战后年代的精英大学及其挑战者 [M]. 张斌贤,等,译. 保定:河北大学出版社,2008:43.

③ 〔美〕罗杰·L. 盖格. 研究与相关知识——第二次世界大战以来的美国研究型大学 [M]. 张斌贤,等,译. 保定:河北大学出版社,2008:254.

远就武断地对它全盘否定。克拉克·克尔教授认为高等教育机构应该均衡发展并没有错,这也恰恰是高等教育发展的远期目标,未来社会应该由民众根据自己的需要选择不同的院校学习并获得一份体面和有尊严的工作。但是,市场是调节组织发展的决定因素,当公众和社会对进入世界一流、高水平的研究型大学学习仍旧保持高度的热情时,则研究型大学的规模会继续扩大。

2003年底克拉克·克尔教授去世[①],但《卡内基高等教育机构分类》一直被沿用,被学界视为目前世界上最具有广泛影响力的高校分类体系之一。资料显示,该分类标准于1976年、1987年、1994年、2000年、2005年、2010年、2015年先后被修订,后续基本是五年修订一次,这恰恰说明高等教育机构本身是动态发展型组织。正因为如此,现代大学需要根据社会经济、政治、文化发展带来的挑战和要求,制定出科学的发展战略,并通过整合自身的人才优势、研究优势、学科优势,不断增强核心竞争力,以适应社会的发展要求。

三、中国对"研究型大学"概念和属性的探索

对事物的认识通常是由浅入深的,常常是知识分子先行总结经验,当这些经验成为政策之后,学者的研究成果遂成为官方语言。这反过来又进一步促使学者继续研究。我国学者对研究型大学的研究亦是如此,先是总结国外发达国家大学建设的经验、内涵、特征,之后随着中国成为高等教育大国,高等教育国际化程度不断提高,中国高等教育成为世界高等教育不可或缺的一个重要部分,其他三个国际大学联盟与中国大学联盟结盟,形成更广泛的四国大学联盟[②]。2013年10月,四大大学联盟签署了旨在阐释现代研究型大学的主要特征与使命的《合肥宣言》,进一步促进了研究型大学的发展。

(一)学者总结外国经验,寻求中国方案

他山之石,可以攻玉。国内学者试图通过总结国外研究型大学的发展经验,寻求中国建设方案。这里以学者对美国大学的研究为例。

---

① 钟文.美国著名教育家克拉克·克尔教授逝世[J].北京大学教育评论,2004(01):70.
② 四大大学联盟指中国首批九所"985工程"大学(即九校联盟,C9)、美国大学联盟(AAU)、欧洲研究型大学联盟(LERU)、澳大利亚八校联盟(Go8)。

王英杰教授 1989 年发表的《美国办好主要研究型大学的战略措施》,主要分析了美国多数研究型大学的发展策略:第一,办成综合性大学。提醒大家不要被麻省理工学院的校名所迷惑,它实际上是综合性大学;加州理工学院虽然小但也设有人文与社会科学学院。第二,成为国家基础科学研究中心。第三,聘任优秀的校长和教师。第四,在经费、科研设备方面提供保障,并建设现代化的研究型图书馆。①

沈红教授 1999 年出版的《美国研究型大学形成与发展》一书全面研究了美国研究型大学形成与发展的进程,发现了其三个特殊性:研究型大学与美国联邦政府之间关系的特殊性,研究型大学在全美高等教育体系中的地位和作用的特殊性,研究型大学在美国研究与开发体系中的地位和作用的特殊性。她认为中国科技体制改革与高等教育体制协调改革需要"重构"三个方面的关系:重构政府与大学的关系、重构高等教育体系结构、重构研究与开发体系结构。例如,政府与大学首先要做到相互信赖,信赖才便于理解,信赖才可产生依靠,信赖才可在政府对大学的授权和大学对国家应尽的责任上找到平衡点;中国建设研究型大学要有明确的、科学的判定标准,中国大学要跻身于世界一流大学的行列,首先要创建中国的研究型大学,而且是高水准的研究型大学;重构中国科学院系统和大学系统、中国研究与开发体系的关系,构建中国国家创新体系。②

20 世纪末,国内学术界对研究型大学的看法基本趋同。"在现代社会中,以研究生培养和科学研究为重要职能的研究型大学,充当着一种'科学的中心'的角色——不断培育新的研究者、担负探求知识之责。"③

(二)"211 工程"等政策出台使"研究型大学"的概念在中国迅速"落地"

为落实"科教兴国"战略,国家相继颁发了《中国教育改革和发展纲要》(中发〔1993〕3 号)、《国务院关于〈中国教育改革和发展纲要〉的实施意见》(国发〔1994〕39 号),决定实施"211 工程",提出 21 世纪初争取有 100 所左右的高校

---

① 王英杰. 美国办好主要研究型大学的战略措施 [J]. 高等师范教育研究, 1989(03):69–74.

② 沈红. 美国研究型大学形成与发展 [M]. 武汉:华中理工大学出版社, 1999:257–268.

③ 曲钦岳,冒荣. 研究型大学与创造型人才的培养 [J]. 中国高教研究, 1999(02):7–10.

接近或达到国际一流大学的学术水平。①1995 年,《"211 工程"总体建设规划》(计社会〔1995〕2081 号)颁布,"211 工程"正式启动。由于世界一流大学主要是研究型大学,于是建设世界一流研究型大学遂出现在大学领导人的讲话当中。例如,吴启迪就任同济大学校长时提出建设国际有声望、国内一流的研究型社会主义大学。② 此外,国家还启动了"985 工程""985 优势学科创新平台"等项目。

进入 21 世纪,中国学者对研究型大学的内涵逐渐明确:办学条件和资源充足;重在高深知识的创造和传播;传播既包括向国家和社会宣传其成果,推动国家社会经济发展,也包括培养高层次拔尖人才;拔尖人才培养使其明显区别于一般科研机构。

(三)"教学研究型大学"等相关概念的产生

一些进入"211 工程"重点建设的高校由于与高水平大学、世界一流大学尚有距离,于是结合校情提出建设"教学研究型大学""研究教学型大学",并希望最终过渡到研究型大学。例如,1999 年时任浙江大学党委书记的张浚生提出"未来的浙江大学应当是一所教学研究型大学、创新型大学"③。果然浙江大学后来成功转型,进入高水平研究型大学行列。教学研究型大学指发展水平介于研究型大学和教学型大学之间,是教学型大学的升级版。④

同样,"行业特色研究型大学"也是一个本土化的概念,特指"中国高等教育管理体制改革以前隶属于国务院某个部门,具有显著行业办学特色与突出学科群优势的高水平研究型大学"⑤。这类学校的学科总数相比综合型大学要少,但部分学科是优势学科或者强势学科,与综合型大学相比并不逊色。

大型、多学科是研究型大学的典型特征,但专注于某一较窄领域的特色大学也能成为研究型大学。这是发展中国家建设世界一流大学的路径。后来,学界依据大学的研究水平,将大学分为:教学型大学、教学研究型大学、研究教学型大

---

① 国务院关于《中国教育改革和发展纲要》的实施意见 [GB/OL]. http://moe. edu. cn/jyb_sjzl/moe_177/tnull_2483. html.

② 面向未来 发扬优势 把同济大学办成一流的研究型大学——吴启迪校长在校长换届和任命大会上的讲话(摘要)[J]. 同济大学学报(社会科学版),1995(01):116.

③ 张浚生. 时代的要求与浙江大学的历史使命 [J]. 今日浙江,1999(02):3.

④ 王耀中. 关于教学研究型大学的若干思考 [J]. 黑龙江高教研究,2009(03):16–18.

⑤ 沈红宇. 中国行业特色研究型大学发展研究 [D]. 哈尔滨:哈尔滨工程大学,2010:2.

学、研究型大学；行业大学也可分为单学科、多学科、综合型三种类型的行业特色大学。

（四）研究型大学的本质属性

沈红教授 2003 年提出研究型大学必须具备三要素[①]，后又慎重修正为四要素：学术型博士生的数量与质量，亦包含少量学术型硕士、更少量具有学术潜力的本科生；科学研究的层次水平与经费额度；教授为同行认可的学术领导地位；科学研究、教授群体、博士生群体在多学科、学术自由环境中的共同发展。[②]

笔者认为"四要素说"是对研究型大学的一种严格定义，或者说是已经建成的研究型大学应具备的特征，正如沈红教授所强调的，这类大学应该呈现：以思想性、探究性、创新性为内容的高等教育和以主动性、理解性、内化性为特征的高等学习同在；研究的高层次、高水平、尖端与深入，目的在于促进人类的进步、科学的进步与国家利益的结合。[③]

四、研究型大学发展新阶段

（一）研究型大学建设与城市发展

研究型大学对国家政治、经济发展的促进作用，已为世界发达国家实践所证明，充分发挥研究型大学的作用逐渐成为中等发达国家形成后发优势的重要路径。研究型大学是培养拔尖人才、生产传播新知识和新思想的重要基地，在提高国家与城市的自主创新能力和增强竞争力方面具有不可替代的地位和作用。建设一流的城市需要一流的大学，知名大学是城市的文化品牌。城市转型发展需要大学的创新推动，促进科技创业需要大学的新作为，城市精神的塑造需要大学的文化启迪。[④]

---

① 沈红. 研究型大学的基本要素及其体制和组织满足. 教育研究 [J]，2003（01）：64-68.

② 沈红. 世界一流大学的必经之路——兼论研究型大学的本质属性 [C]. 苏州：苏州大学出版社，2011：219-229.

③ 沈红. 世界一流大学的必经之路——兼论研究型大学的本质属性 [C]. 苏州：苏州大学出版社，2011：219-229.

④ 四大著名高校联盟签署《合肥宣言》[GB/OL]. http://aga. ustc. edu. cn/site/ustc_xyh/xyh/cnt/?id=17954.

高等教育成为驱动地方发展的新动能。首先,为地方培养和输送大量毕业生;其次,大学成为地方发展的思想库,提升公共政策决策水平;再次,研究型大学还成为校友、政府沟通的桥梁,有利于打造"校友经济",促进地方发展。2017年2月底,武汉市启动"百万校友资智回汉工程",创新性地发展"校友经济",让校友创富得利,让母校收获荣光,让城市发展复兴。

(二)研究型大学联盟进一步发展壮大

2013年10月,美国大学联盟、中国九校联盟(C9)、澳大利亚八校联盟、欧洲研究型大学联盟在C9年会上联合发布《合肥宣言》,首次确定了当代研究型大学的十项特质。

笔者认为《合肥宣言》对研究型大学的定位和面临的挑战总结得非常到位,特摘录如下。

> 研究型大学是国际合作的汇聚焦点,提供了多国专家和本地可能缺乏的设备;它们为本国增加国际声望,吸引世界各地的人才;大学也是知识和各种能力的储库,这些都是潜在的准备(信息、能力保障以及更广泛的预警),而商业、政府和社会能够依赖这些去处理和应对那些预料不到和未知的情况。

> 倘若国内和国际政策环境持续强调短期临时性利益,忽视长期性发展;强调现存已知性,忽视探索未知性;侧重狭窄性,而忽略广博性,那么各国的大学都将面临丧失影响力的风险。[①]

(三)"双一流"建设为中国研究型大学带来的新机遇

为了建设世界一流大学和一流学科,国家出台了一系列的政策文件。2015年10月24日,国务院印发了《统筹推进世界一流大学和一流学科建设总体方案》(国发〔2015〕64号)。2017年1月24日,教育部、财政部、国家发展改革委印发了《统筹推进世界一流大学和一流学科建设实施办法(暂行)》(教研〔2017〕2号)。

---

① 四大著名高校联盟签署《合肥宣言》[GB/OL]. http://aga.ustc.edu.cn/site/ustc_xyh/xyh/cnt/?id=17954.

同时,在国家"双一流"建设的驱动下,有的省市也启动了"双一流"建设,用于支持高等教育发展。部分省市还率先进行了高水平大学建设,用重金支持本地高校发展。可见,在高等教育强国、强省战略推动下,各地高等教育将迎来大发展,尤其是研究型大学将获得更多的经费和政策支持。

第二节　研究型大学教育现代化

一、现代化与人的现代化

对美好生活的期待是人民不断奋进的动力。当人民树立的目标不断实现,人民的生活水平就会逐步提高,社会也随之进步。例如,人民对现代化的期望经历了"楼上楼下电灯电话"到"冰箱彩电洗衣机"。我们认为,现代化是指所评价的指标相对于前一阶段或历史有较大提高,跟随、并跑或引领世界先进水平。国家或地区间的现代化建设总是你追我赶,从不停歇,不进则退。现代化包括政治、经济、科技、文化的现代化,也包括人的现代化。但是,前者的现代化是人实现现代化的条件,而人的现代化又将促进前者现代化水平的提升,彼此紧密联系、相互促进。

何谓人的现代化? 有学者概括为:人民具有现代观念、文化装备、精神世界,并在它的导引下享受现代生活和物质装备。[①]党的十八届三中全会确定全面深化改革的总目标是:完善和发展中国特色社会主义制度,推进国家治理体系和治理能力现代化;加快发展社会主义市场经济、民主政治、先进文化、和谐社会、生态文明;让一切劳动、知识、技术、管理、资本的活力竞相迸发,让一切创造社会财富的源泉充分涌流,让发展成果更多、更公平地惠及全体人民。[②]

基于此,笔者认为新时代人的现代化应该是这样的发展愿景:人民在公正公平的社会制度下,通过优质教育促进德、智、体、美、劳全面发展,被塑造出良好的德性,成为社会主义合格的建设者和可靠的接班人,活出精气神儿和高质量,使

---

① 刘金祥. 论人的精神世界现代化 [J]. 民主与科学, 2012(03):73—75.

② 中国共产党第十八届中央委员会第三次全体会议公报 [GB/OL]. http://news. xinhuanet. com/politics/2013—11/12/c_118113455. htm.

幸福感、获得感较以往倍增。

二、研究型大学教育现代化促进人的现代化

《统筹推进世界一流大学和一流学科建设总体方案》提出:"到 2020 年,若干所大学和一批学科进入世界一流行列,若干学科进入世界一流学科前列。到 2030 年,更多的大学和学科进入世界一流行列,若干所大学进入世界一流大学前列,一批学科进入世界一流学科前列,高等教育整体实力显著提升。到本世纪中叶,一流大学和一流学科的数量和实力进入世界前列,基本建成高等教育强国。"[①]

研究型大学对提升国家软实力起着重要的支撑作用,这已经成为许多国家的共识。如今,各国纷纷加强高水平大学建设,以致引发美国学者的焦虑。"其他国家也已认识到世界级研究型大学的重要价值,认识到了由大学驱动的研究和先进的教育对经济繁荣和社会发展所发挥的重要作用,它们正从战略的高度快速提振其研究型大学,争夺国际生源和师资,争取资源和声誉,而且在某些情况下还将大学研究与商业发展紧密结合在一起。它们制定了教育和研究的国家战略,目的在于在提供有吸引力的条件和机会,召回从美国大学毕业的本国公民的同时,努力打造本国具有世界水平的大学,以便与美国大学展开激烈的竞争。"[②] 我国"双一流"建设适逢其时,只有更多的研究型大学成为世界一流大学,才能带动我国人力资源水平的整体提升。

人的现代化和全面发展离不开自身的努力,但也需要多方面的支持。有的学者认为,人的现代化实质上是人的社会化,是社会经济、政治、思想、文化、法律、道德众多因素孕育的结晶;是家庭、学校、职业团体、社团组织、同龄群体、参照群体、社区文化、大众传播媒介等多方面作用的结果。[③] 但是,接受教育尤其是接受优质的高等教育是必然的途径。

---

① 国务院关于印发统筹推进世界一流大学和一流学科建设总体方案的通知 [EB/OL]. http://www. gov. cn/zhengce/content/2015−11/05/content_10269. htm.

② 〔美〕National Research Council of the National Academies. 研究型大学与美国未来:美国繁荣与安全的十大突破性举措 [M]. 朱健平,主译. 长沙:湖南大学出版社,2015:48.

③ 张著名. 走出"人的现代化"理论研究的误区 [J]. 社会,2000(07):24−25.

"双一流"建设在一定程度上即是研究型大学教育现代化建设。研究型大学作为高等教育的重要组成部分,必须充当高等教育现代化建设的先行者。研究型大学要勇于担当,为实现高等教育现代化和建设高等教育强国、人力资源强国的战略目标积极作为,充分发挥先锋、示范作用。

三、研究型大学教育现代化的"中国模式"

既然研究型大学教育对国家发展和人的现代化发挥着重要的作用,那么,如何建设好"双一流"大学、办人民满意的教育呢?中国的国情决定了我们必须探索研究型大学教育现代化的"中国模式"。

我国的"双一流"政策强调,"双一流"建设要扎根中国大地,"以中国特色、世界一流为核心,落实立德树人根本任务"[1]。

何谓"中国特色"?"中国特色"强调唯有"中国模式"适应中国国情、适合中国发展。[2]

众所周知,中国是人民民主专政的社会主义国家,必须妥善解决十几亿人口的吃饭、就业、养老及适龄人口入学问题,方能体现社会主义国家的优越性。党的十八届五中全会公报提出,"十三五"时期需"共享发展,保障基本民生,实现全体人民共同迈入全面小康社会"。中国人口居世界第一,已然超过 13 亿。要释放人口红利,必须大力普及高等教育,这就要求越来越多的高校尽可能地提供具有世界水准的、优质的高等教育。因此,研究型大学应以育人为重,提供一流的本科教育,通过"代际替换"促使人力资本水平整体提高,实现人口大国向人力资源强国转变。研究型大学应义不容辞地承担起知识生产和创新的首要责任。

研究型大学的中心使命就是继续通过教学和研究来创造、保持和传播知识。[3]具有"中国特色"的研究型大学教育现代化、"双一流"建设应是在立德树

---

① 国务院关于印发统筹推进世界一流大学和一流学科建设总体方案的通知 [EB/OL]. http://www.gov.cn/zhengce/content/2015-11/05/content_10269.htm.

② 瞿振元. 构建符合中国国情的高校毕业生就业指导和服务体系 [J]. 世界教育信息,2001(09):27-31.

③ 约翰·沃恩,杨曦. 促进国家和全球利益:美国大学联合会的作用 [J]. 清华大学教育研究,2008(01):6-9,32.

人的要求下,提供一流的教学和一流的科研,二者互相融通,以将我国建设成为高等教育强国和人力资源强国。

第三节　研究型大学治理现代化策略

研究型大学已然发展为巨型组织,研究型大学治理现代化是研究型大学教育现代化的重要保障和条件。因此,有必要考察研究型大学现行治理结构和治理模式是否完全适应人的现代化建设。

一、大学治理的内涵

组织是偏好、信息、利益或知识相异的个体或群体相互之间协调行动的系统。① 研究型大学内部的各种组织即是偏好、信息、知识不尽相同,自身利益不尽相同导致所持立场不尽相同的个体或群体的聚合。因此,大学治理是大学内部各种组织和组织外部不同的利益相关者协商大学决策、协调大学行动的过程。

二、研究型大学治理的主要内容

研究型大学的发展离不开人、财、物的支撑,而人、财、物关系的治理需以合乎德性的制度或政策去规整。研究型大学的治理主要涉及下列因素。

(一)大学人

组织发展需要靠精英团队进行科学管理。在加快建设世界一流大学、一流学科的背景下,研究型大学治理需要大学领导集体具备团结务实的态度,并具有非凡的远见卓识和超强的治理能力。大学领导集体要洞察高等教育发展趋势,从而引领学校制定具有前瞻性、可操作性、能够分阶段完成的战略目标。

育人是大学的根本任务,建设世界一流大学和一流学科需要有一流的教师队伍和高质量的生源。一流的师资队伍建设既要从全球范围内挖掘优秀人才,

---

① 〔美〕詹姆斯·马奇,赫伯特·西蒙. 组织 [M]. 北京:机械工业出版社,邵冲,译. 2013:再版前言XXIV.

也要注重本校优秀人才的培养；盘活存量，建立合乎教师职业发展的良性评聘制度，激活教师对教学、科研的热情和活力；注重高水平教师队伍的梯队建设。

即便有合乎德性的制度，还需要培育执行制度者自身的德性。维持大学组织运行，需要大量的教辅人员和基层工作人员。他们既参与良性制度的制定，也参与良性制度的执行。制定良性制度需要平等地将教辅人员和基层员工作为制度受惠或制约的一分子，这样方能最大限度地保证制度得以实行。

（二）财务资源

财务资源是大学组织运行的"粮草"，自然是越多越好。建设世界一流大学、一流学科，学校领导集体和职能部门的一项重要任务就是为大学争取更多的办学资源。同时，还要有效利用财务资源，实行绩效评价，发挥财务资源的最大效益。

办学空间和资产也是大学治理者需要积极规划的内容，着力为师生营造宜学、宜工作、宜居的环境。

（三）大学制度

大学治理制度需要根据环境的变化，不断进行调整。合乎德性的大学制度，秉承公正、公平的原则，以促进大学发展为宗旨，以正确的义利观调配全体大学人的权利与义务，激活大学的凝聚力、向心力和生产力。

（四）大学外部因素

大学外部的社会因素给予大学压力，希望大学能立竿见影地发挥作用。但是，大学不能完全被社会因素所牵制，更不能失去理性；应与社会各方力量形成良性互动，在一定程度上满足社会的要求，但也要保持足够的理性，以引领社会发展。

三、研究型大学治理现代化的目标、原则和路径

当置身于高等教育全球化竞争当中，研究型大学应如何建设一流的办学环境、营造一流的校园文化，如何通过一流的大学治理制度文化筑巢引智和激活大学人从事人才培养、科学研究、服务育人的积极性，将是其面临的全新挑战。

（一）研究型大学从权威管理走向多元协商共治

高等教育进入大众化阶段后，研究型大学成为巨型组织，要管理的事务日趋复杂且烦琐，不同利益相关者共生共存。如果将大学组织视为水面上的"浮标"，各治理主体对其施予的力量之和必须始终处于均衡状态，例如，行政权利责任主体、学术权利责任主体在处置行政事务、学术事务时所持有的权利比重必须此消彼长，方不会使"浮标"沉没。[①] 经过多年的探索实践，我国的研究型大学管理制度基本成形，逐渐从权威管理走向多元协商共治，不同层级的决策一般会吸纳相关利益责任主体参加。

（二）研究型大学治理现代化的意义

研究型大学作为社会组织的一种，如同其他组织一样，治理水平若达不到现代化，其教育现代化自然就无从谈起。由此可见，研究型大学治理现代化是其教育现代化的保障，是研究型大学健康、稳定、可持续发展的必要条件。具有"中国特色"的研究型大学治理现代化必须坚持党委领导下的校长负责制，不断推进现代大学制度精准执行，完善多元协商共治机制，不断提升治理现代化水平。因此，研究型大学治理需要以全面提高教育质量为中心，以增强师生的幸福感、获得感为发展目标，形成科学、民主的决策，以提高我国的高等教育质量。

（三）研究型大学治理现代化的目标：善治与德治

多元协商共治的目的在于善治。善治遵循效率性、民主性、整体性、法制性原则，是一种符合大学属性、特征及规律的管理之善。善治有利于把大学带入大学的理想境界——至善，这正是研究型大学治理体系和治理现代化的目标趋向。[②] 当研究型大学治理趋向善治、至善，新的治理文化——德治就会形成。

（四）研究型大学治理现代化的基本原则

治理是上下互动的管理过程，通过建立合作、协商、伙伴等类型关系，确

---

① 郭华桥. 大学多元协商共治"智库"机制构建探讨——新制度主义社会学的视角 [J]. 大学，2016(09)：12，13-21.
② 眭依凡. 论大学的善治 [J]. 江苏高教，2014(06)：15-21.

立共同的目标等方式实施对公共事务的管理。治理的目标之一是实现善治，使公共利益最大化。善治的基本要素有七个：合法性（legitimacy）、透明性（transparency）、责任性（accountability）、法治（rule of law）、回应（responsiveness）、有效（effectiveness）、稳定（stability）。① 其中，合法性越强、透明度越高、责任性愈强、回应越及时，善治的程度便越高。取得、增强合法性的主要途径是尽可能增强利益相关者的共识和政治认同感。②

合法性要求研究型大学尽最大努力协调、平衡利益相关者的权益和诉求，使治理策略和行为最大限度地得到利益相关者的认同；透明性要求研究型大学在重大治理决策实施前要将决策内容和决策产生过程通过一定的方式在一定范围内告知利益相关者或利益相关者群体的代表，并且监督治理者的行为；责任性要求研究型大学在治理过程中实施问责制，增强个人及机构的责任性；法治是善治的基本要求，研究型大学依法治校是善治的基本要求，应尽量减少人治的干预；回应要求研究型大学对师生关切的问题要及时做出回应，以凝聚人心；有效要求治理者不能胡作为、乱作为、瞎折腾；维持学校稳定是实现有效治理、有序发展的基本途径，重大改革事项实施前必须充分做好动员工作，最大限度地赢得合法性支持，方可在保持学校稳定的前提下，分批、分步骤推进。

研究型大学实现治理现代化，走向善治与德治，必须遵守科学、民主、依法的治理原则。

科学治理指研究型大学治理要遵循高等教育发展规律，依据研究型大学的组织特点，运用科学的理念、思维、方法、技术、工具治理大学内、外部事务。

民主治理指研究型大学要充分发扬民主，尊重利益相关主体的意愿，协商治理大学内、外部事务，提升决策水平。如今，研究型大学校、院两级学术委员会的地位日益彰显，教授治学的权利日益受到重视，学校层面的各类议事机制如教代会、理事会、教学指导委员会等日益完善。研究型大学也需要积极提升利益相关责任主体的议事能力，因为在现实中的各种决策咨询会中，少数利益代表往往沦为"举手派"，他们对所议事项了解不够、思考不够、建议不够。

---

① 俞可平，李景鹏，毛寿龙，等. 中国离"善治"有多远——"治理与善治"学术笔谈 [J]. 中国行政管理，2001（09）：15-21.

② 俞可平. 治理和善治：一种新的政治分析框架 [J]. 南京社会科学，2001（09）：40-44.

依法治理指研究型大学应将法律作为高等教育治理的最高行为准则,依据国家有关高等教育的法律和条例制定大学内部治理规章制度,使现代大学制度和大学章程有法可依、有法必依、执法必严、违法必究。由此,在全面推进依法治国的大背景下,大学治理将会更加法治化、民主、公正。

(五)研究型大学治理现代化的路径

瞿振元认为"高等教育现代化旨在立德树人,促进人的现代化"[①]。眭依凡认为高等教育现代化至少需要由六大不可或缺的组成要素提供支撑,它们是高等教育普及化、高等教育高质量、善治的高等教育治理结构、高等教育国际化、高等教育信息化、高等教育学习化社会。[②]

随着全球信息化的快速发展,大数据已成为国家重要的基础性战略资源。《国务院关于印发促进大数据发展行动纲要的通知》(国发〔2015〕50号)提出"探索发挥大数据对变革教育方式、促进教育公平、提升教育质量的支撑作用",实现基于数据的科学决策,推动治理模式进步和治理能力现代化建设。当今时代,信息技术、大数据分析的优势将会日益彰显,高等教育信息化将会助力高等教育现代化建设。如果高等教育信息化全面融入高等教育现代化,必然会形成"先发优势"。

因此,笔者认为,研究型大学教育现代化的建设路径,至少包括以下三个方面。第一,加强教育信息化建设,完善信息决策支持系统。研究型大学需要充分挖掘信息资源,搭建数据仓库,进行数据处理。研究型大学在"善治的治理结构"机制下,借助大数据的分析能力,可以形成更为科学和民主的决策,实施精细化管理与服务,推进学校治理体系和治理能力现代化建设。第二,加强教育信息化建设,为教学科研提供更完善的服务,促进教学改革,推进教学现代化建设。研究型大学可充分发挥大数据分析在教学决策中的作用,通过教学治理现代化、数据驱动决策,提升教学决策的科学性,促进教学现代化建设。第三,治理现代化、教学现代化齐头并进、协同发展、形成合力,打造具有"中国特色"、全球视野的高质量教育。如图1-1所示,研究型大学教育现代化建设路径有二:教育信息化——

---

① 瞿振元. 扎实推进高等教育现代化 [N]. 人民日报, 2016-01-31(005).
② 眭依凡. 高等教育现代化的理性思考 [J]. 高等教育研究, 2014(10):1-10.

善治的治理结构—治理现代化—教学现代化；教育信息化—善治的治理结构—治理现代化—高质量的教育。

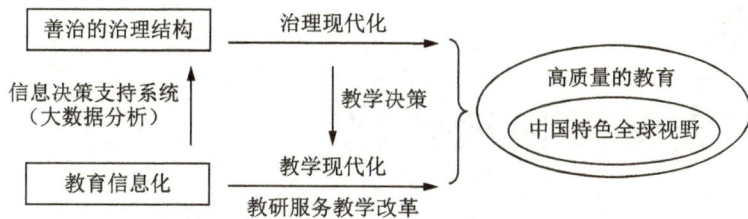

图 1-1　研究型大学教育现代化建设路径

第二章

研究型大学发展现代化

研究型大学要建设成世界一流大学,必然要同时实现研究型大学发展现代化。实现研究型大学发展现代化是研究型大学治理现代化的目标之一。

本章重点讨论研究型大学战略规划的编制与执行、一流学科建设与绩效评价、一流人才培养与教学评价、大学国际化建设与本土特色、大数据仪表盘与网络伦理。

第一节　战略规划的编制与执行

无规矩不以成方圆,战略规划是大学的行动纲领。《国家中长期教育改革和发展规划纲要(2010—2020 年)》(简称《纲要》)颁布后,许多高校更加重视大学发展规划的编制。有关部门还要求将其列进高校"三重一大"决策清单,学校总体战略规划需提交学校教代会审议,报教育部审核备案并向社会公布。

一、高校加强了大学战略规划部门的职能

大学设立处室的原因主要有二:为方便与上级单位的衔接,学校自行或根据上级有关文件要求设置处(科)室;随着学校办学规模扩大,为了理顺工作关系,设立处(科)室,完善大学治理结构。研究型大学的战略规划部门——发展规划部①在大学的设置通常是由于后者。

---

① 多数研究型大学的战略规划部门名为"发展规划部",也有的称为"政策研究室"。为方便阅读,本书统一称为"发展规划部"。

（一）发展规划部与学科建设办公室合署

为了加快发展，研究型大学发展规划部的职能应进一步整合和丰富。学科建设是学校发展的龙头工作，发展规划部与学科建设办公室合署，使规划工作有了"抓手"，发展规划部通过学科建设管理，可以将学校发展规划尽可能地落到实处。学科布局是否合理、学科管理机制是否科学等问题将直接影响学科治理是否顺畅，而这些均需要通过规划来调整。因此，发展规划部与学科建设办公室合署比较科学。

（二）发展规划部、学科建设办公室与高教研究中心合署

随着适龄入学人口减少，在多种因素作用下，高校间对优秀生源的争夺加剧。研究型大学，尤其是排名相对处于中位的研究型大学面临激烈的竞争不进则退，因此需要发展规划部及时为学校发展提供决策参考。要实现治理现代化，就必须有比较科学的分析报告，而高教研究中心是研究高等教育规律的专业机构，因此发展规划部与高教研究中心合署也就顺理成章、名正言顺。

同时，为了避免"规划成鬼话"事情的发生，还必须以数据作为支撑。失去数据支撑的规划是不完整、不科学的规划，因此，学校统计职能部门也需要归并到发展规划部。高校可制定统计管理办法，要求学校各部门上报各类数据前均应在发展规划部备案，由发展规划部进行审核，以保证数据的真实性和一致性。编制大学发展规划既是一份工作任务，也是一份高质量的高等教育研究成果。

二、大学战略规划编制思路的转变

《国家中长期教育改革和发展规划纲要（2010—2020）》在编制过程中，曾广泛征求社会各界的意见，这其实也是一种很好的宣传动员。通过征求意见使全社会认识到国家高度重视教育，在一定程度上加强了对《纲要》的宣传推广，使编制战略规划意识深入人心。

正是受《纲要》编制的启示，高校战略规划的编制上升到了一个新的高度，它成了"三重一大"的内容之一。众多高校自编制"十二五"规划伊始即将战略规划编制视为凝聚人心、统一共识的过程，改变以往编制规划的"套路"，学校战略规划编制不再单纯是"笔杆子工程""秀才文章"，更加注重规划的落实与执行，以避免出现"规划即鬼话""规划墙上挂挂"的尴尬局面。

三、影响大学战略规划执行的因素

(一)规划目标不切实际

理念决定行动。当决策者视学校战略规划编制为一项临时性的任务时,必然不注重调研而东拼西凑一些材料以应付了事。所以,导致规划文本里具体量化的指标很少,有和没有规划一个样;各个部门执行规划时各自为战,处理事务仍按照先前的惯性工作思路。而部分好大喜功者又是另一番表现,他们属于"激进派",不经过充分调查、论证,盲目估计未来形势,非常"大胆"地勾勒"看上去很美"却不着边际的蓝图,而学校实际上并无足够的人力、财力、物力去实现它。一份师生员工参与度不高、没有充分考虑学校实际情况的学校发展规划必然导致实施效果大打折扣,更不可能成为引领学校未来发展的行动纲领。[①]

相对于"激进派"而言,"保守派"则是另一番想法:与其将目标定得太高不能实现而沦为笑柄,还不如将目标定低一点,超额完成目标更彰显成绩。此外,高校债台高筑也是规划目标难以实现的现实原因。现实中,高校的理财水平直接影响着高校的改革和发展,提高高校的理财能力,将有利于促进研究型大学落实规划,实现战略规划蓝图。[②]

(二)战略规划难以执行

有的高校领导换了,先前的战略规划就会被放在一边,新领导觉得重新做一套战略规划才能彰显自己的"政绩";有的领导"点子很多",东一榔头西一棒槌,但由于缺乏必要的论证,往往是瞎折腾。高校只有将持续执行先前经过集思广益、多方征求意见形成的战略规划,实现稳步发展,视为真正的"政绩",才不会形成人走茶凉的局面。

大国办教育本身存在"摸着石头过河"的情况,所以很难保证所有教育政策都适应每一个学校特定的校情和发展状况。因此,需要治校者考察政策制定的特定背景,并且对具体的政策进行具体分析,及时和上级部门进行沟通。如果治校者片面强调政策精神,并专攻政策"利好",过分注重短期收益,忽视长远规划,

① 郭华桥. 算好财务账:破解大学发展规划执行困境 [J]. 昆明理工大学学报(社会科学版),2014,14(02):76-80,99.
② 郭华桥. 算好财务账:破解大学发展规划执行困境 [J]. 昆明理工大学学报(社会科学版),2014,14(02):76-80,99.

则容易忽视教育规律,如重理轻文、重科研轻教学。

战略规划最终"落地"必须与办学资源挂钩,因此在规划编制过程中就必须盘点现有和未来可能争取的办学资源。战略规划设定的办学目标和学校财务资源要保持一定的吻合度,战略规划目标才可能实现。发展规划部负责人应作为学校财经领导小组成员之一,以保证办学资源分配能够支撑起学校战略规划下一年度要达成的目标任务。战略规划只有获得足够的办学资源支持,才能持续高效地执行。

四、如何提升大学战略规划的编制水平与执行力

(一)树立正确的规划编制理念

规划编制与执行是一项具有经常性、动态性、长期性、指导性和研究性的工作。若想编制一份能够扎实"落地",具有可操作性、指导性的战略规划,应尽可能地多次征求和积极吸纳相关责任主体的意见,不断完善文本,以推动规划编制和实施工作稳步推进。

(二)校本研究与院校研究并重

高等教育研究从 20 世纪 80 年代初开始在我国得到重视,到 80 年代中期,各高校广泛建立了高等教育研究室或高等教育研究所(简称"高教所")。[①] 基于不同的校情,在稍后高等教育快速发展的过程中,一部分高教所由于学校领导重视,通过不断加强队伍建设,逐渐拥有一支研究能力较强的学术队伍,继而发展成为教学研究机构。它们拥有学位授权点,担负起教育本科生、硕士生的培养任务,尤其是一些"985 工程""211 工程"高校的高教所发展为教育科学研究院或教育研究院(名称不尽相同),具有博士授权点。另一部分高教所由于缺乏长期规划,专业研究队伍薄弱,成为行政机构的附属,被裁撤并转。这部分高教所会根据学校需要以不同形态出现:有时与教务部门合署,成为教学研究机构,工作人员需承担教学研究管理科室的行政工作;有时被撤掉,其职能与评估部门职能合并,工作人员需从事教学质量监控、教学督导的辅助工作。

无论高教机构如何调整,大学内部组织机构仍然是有"为"才有"位",有

---

① 马陆亭,叶桂仓. 高等教育研究的繁荣与危机 [J]. 中国高教研究,2016(10):11—16.

"位"才有"味"。如果高教所不积极加强校本研究,为学校未来发展提供决策参考,则容易成为虚设机构。一些高教所由于工作主动,专注校本研究,逐渐成为学校领导的智囊机构,有的因此更名为"政策研究室""政策法规研究室""发展战略研究室"等。从这些高教所的更名亦可看出,大学规划的编制与执行离不开对国家和学校政策精神的把握。

与此同时,科学编制规划也需要及时了解同类院校、同城院校的发展态势,深入开展院校研究。尤其是研究型大学,更要积极主动地在国内和国际上寻找知名高校作为榜样,汲取其治校经验,制定赶超发展战略。

(三)建立学科多元化的研究队伍

任何组织里,人始终是第一要素。提高规划编制和执行水平,既需要学校领导、规划部门负责人的高屋建瓴,也需要有作风过硬、战斗力强、吃苦耐劳、兢兢业业、敢于迎难而上、执行力强的工作队伍。

"双一流"建设背景下,发展规划部、学科建设办公室、高等教育研究机构对学校发展的谋划愈加重要,由此,更加需要建立一支学缘结构多样、学科多元化的规划研究队伍。

"十二五"期间,众多研究型大学对发展规划部门有了更多的期待,并对其寄予更多的厚望,从而对发展规划部、学科建设办公室的机构设置和人员配备也有了新的部署和要求。例如,中南财经政法大学将发展规划部、学科建设办公室("211工程"办公室)、高等教育研究中心合署办公。工作人员的职责也由先前从事教学研究转为参与学校的规划编制工作、学科建设工作,并结合工作实践开展高等教育研究。同时,该校还要求其规划部门新进职员必须具有博士学位,并具有经济学、法学、高等教育学等专业背景。

(四)加强年度规划任务分解,撰写年度规划实施报告

1. 规划编制阶段

大学发展规划是一个完整的规划体系,包括学校总体规划、专项规划、二级单位(院系与职能部门)规划。其中专项规划包括人才培养发展规划、学科建设发展规划、科学研究发展规划、师资队伍建设发展规划、财务建设发展规划、党建工作发展规划、校园文化建设发展规划、校园基本建设发展规划、校园信息化建设发展规划。学校总体规划编制小组负责人由学校党委书记和校长担任,牵头

单位为发展规划部。成立各个专项规划的编制小组,并由分管校领导担任负责人,直接相关的部门作为牵头单位,其他相关的工作单位为参与单位,并明确执笔人。以中南财经政法大学为例,其人才培养发展规划编制的牵头单位为教务部(本科教育)、研究生院(研究生教育),参与单位有继续教育学院、学工部、就业指导中心、国际交流部、国际教育学院、中韩国际教育学院等;学科建设发展规划编制的牵头单位为学科建设办公室,参与单位为研究生院;科学研究发展规划编制的牵头单位为社会科学研究院、科学研究部,参与单位为国际交流部;师资队伍建设发展规划编制的牵头单位为人事部,参与单位为国际交流部;财务建设发展规划编制的牵头单位为财务部,参与单位为审计部;党建工作发展规划编制的牵头单位为组织部,参与单位为党委(校长)办公室、纪委(监察)工作部、党委宣传部;校园文化建设发展规划编制的牵头单位为党委宣传部,参与单位为学工部、研工部、团委;校园基本建设发展规划编制的牵头单位为校园建设部;校园信息化建设发展规划编制的牵头单位为信息管理部。

学校规划体系的产生是一个相融相生的过程,编制总体规划既需要学校领导集体的顶层设计,也需要吸纳专项规划、二级单位规划的核心内容,方能使学校总体规划"接地气"。同时,学校总体规划又是各专项规划、二级单位撰写具体规划文本的重要依据。

学校总体规划的产生还是一个充分发扬民主,自上而下、自下而上的智慧汇聚的过程。"顶层设计＋基层创新"对提高战略规划的科学性、发展策略的可行性、发展路径的精准性有着重要的意义。顶层设计是一个由上而下的传达和照章执行的过程,而基层反馈则是一个以创新和协商为契机的自下而上的过程。前者反映的是领导能力,后者体现的是民主过程。[①]

在规划编制过程中,顶层设计需要充分发挥学校领导集体的智慧。校领导需要统领全局,结合各自分管部门和联系单位存在的问题,盘点影响学校发展的因素,并提出促进学校快速发展的可行性建议。期间,需要发展规划部与专项规划编制牵头单位多次进行对话,激发思想火花。发展规划部向编制单位分享在兄弟院校及"对标"学校的调研成果,规划编制单位向发展规划部陈述工作困惑、改革思路及需要通过学校顶层设计才能破除的制度困境,双方达成改革共识并

---

① 林曾. 信息与决策:美国伊利诺伊州立大学的院校研究 [J]. 清华大学教育研究,2013,34(06):76-83.

提交相关报告供学校领导决策参考。同时,学校总体规划形成初稿后,需要与职能部门负责人、院系负责人、教师代表、学生代表、退休教师代表、校友代表等多个群体举办多场征求意见座谈会。

2. 规划执行阶段

形成完整的战略规划体系是基础,关键的是,战略规划必须认真执行,而不能将其束之高阁。

首先,发展规划部需要对学校总体规划进行五年任务分解,列举每年的任务清单,并与相关职能部门进行对接。在年终时,发展规划部需要对年度任务落实情况进行总结,评估规划执行情况,撰写实施报告(简称"白皮书")。规划执行年度"白皮书"既要总结成绩,又要说明存在的问题和改进措施。规划进行到第三年,需要进行中期盘点,研判规划目标达成度,并制定后两年规划攻坚期的主要任务。

其次,专项规划相关职能部门需要与教学科研单位保持畅通的沟通机制,及时了解规划执行情况和亟待学校层面解决的体制机制问题。

再次,需要将规划目标与各单位目标考核相结合,建立工作动力引导机制。

最后,适时对规划进行修订和完善。战略规划不等于工作计划,总体规划更加注重宏观指导,如果高等教育的政策和形势发生变化,则战略规划也需要适时修订和调整。

这里需要特别指出的是,规划执行和评估需要进行大量的数据挖掘,队伍建设中的统计人员必不可少。为此,中南财经政法大学特将统计功能从信息管理部调整至发展规划部。

(五)兄弟院校建立信息共享机制

"三个臭皮匠,顶个诸葛亮","三人行,必有我师焉"。大学人一定要有开放的胸怀、交流的意识。一定程度的相互学习、借鉴可以节约重新探索的时间成本。所以,高校规划部门间应加强交流或成立联盟,形成集群优势,智力互济。

兄弟院校之间多进行交流沟通,有利于改善和提升工作效能;好的管理经验和治理思路可以相互借鉴,对改进工作起到实实在在的促进作用。

笔者收集了以下几个小故事。

（1）2011年底，某高校规划部门工作人员参加了中国高等教育学会组织的规划编制研讨会。研讨自由交流阶段，中南大学发展规划办公室的同志介绍了该校实施"战略规划地图"的做法，后来该报告还刊登在教育部简报上[①]。该校探索出"定规划→配资源→核绩效→奖先进"相互衔接的规划管理模式，着力使学校规划成为各项工作开展的指挥棒。即：资源配置与规划管理相衔接，确保预算安排与规划实施紧密结合；绩效指标与规划目标相衔接，确保年度任务与规划实施紧密结合；工作奖励与规划评估相衔接，确保考核激励与规划实施紧密结合。会后，该同志向部门负责人及分管校领导建议"发展规划部负责人应加入学校财经领导小组，参与学校财务资源分配讨论，以保证规划顺利实施"。该意见被学校采纳后，规划部门负责人正式加入了学校财经领导小组。

（2）2012年底，中南财经政法大学规划部门负责人带领工作人员前往暨南大学、华南师范大学调研。调研人员认为暨南大学在"211工程"建设方面的一些做法值得借鉴。例如，其学科建设实行项目制，组织专家评选（校领导不参与申报），并鼓励弱势学科主动与优势学科融通，实现"双赢"；学科建设改革坚持以一级学科为建设单位。与华南师范大学同行座谈前，调研人员浏览该校发展规划处网站，一条填写"白皮书"数据的通知引起了调研人员浓厚的兴趣。后来通过座谈，得知这是该校为监督规划执行情况而每年撰写的规划实施报告。这一做法被借鉴到中南财经政法大学，调整后成为规划年度实施报告（简称"白皮书"）：通过对自然年度人才培养、科学研究、学科专业建设、师资队伍建设、国际交流与合作、社会服务等方面数据的统计，紧密追踪和评估学校发展情况；用各项数据和图表直观、全面地呈现学校当年各项事业取得的成绩，并结合规划目标和高等教育的发展趋势，对下一步的发展进行总结与展望，以求稳步推进规划的实施。

（3）2013年，某高校学科建设办公室负责人带领工作人员前往北京师范大学、对外经济贸易大学、北京工商大学调研，希望能借鉴相关院校的经验。第一，经费管理实施"额度制"，不再发放"经费本"。调研发现，发放"经费本"容易使相关学科负责人产生一种奇特的心理：一方面，"经费本"好像成了"存折"，总舍不得开销；另一方面，又总觉得经费不够，所以想办法多处"跑经费"。这种矛盾

[①] 中南大学"四环衔接"扎实推进"十二五"规划有效实施 [EB/OL]. http://www.moe.gov.cn/jyb_xwfb/s6192/s133/s205/201203/t20120315_132220.html.

的心理导致学校经费使用效益和效率不尽如人意。学校不断发放经费但产出却很少,原因在于资金沉淀,甚至最后连学科负责人都忘记了还有哪些"经费本"没有开销。后该校计划借鉴北京师范大学的做法,在财务系统里设定各个项目可预支的额度,并实行"零基预算"。年底未使用完的项目经费额度要清零,第二年重新划拨相应的额度。同时加强对项目经费的使用监督,从而使项目管理和财务管理有效结合起来。第二,突出优势学科特色,着力建设学科群。该校计划参照北京师范大学经验,在重大学科项目建设过程中充分发挥优势学科的带动作用,着力建设学科群。

总之,"走出去"看看兄弟院校的做法与困惑,使双方都能获益。

(六)充分发挥校友资源

注重发挥校友的力量是一些大学编制规划时容易忽略的问题。随着我国经济建设和公共交通的快速发展,大学生毕业选择的工作地范围大大拓展。例如,随着城际铁路的开通,工作和生活甚至可以不在同一个城市,大学生跨区域发展成为常态。了解各区域企事业单位的需求,校友资源是非常重要的渠道。高校需要加强对校友资源库的建设,并且保持良好的沟通渠道,使校友能及时反馈企事业单位的需求,使人才培养能及时反映市场需求。因此,大学发展规划编制和执行过程中均需充分发挥校友的智慧,注重开发校友资源。当然,人是情感性动物,研究型大学更需要注重对今日之学生给予润物无声般的关怀,才能使明日之校友以热情拥抱母校。如果校友融入学校发展的共同体,校友及校友企业就会大大促进毕业生的就业率和拓展毕业生的就业范围,实现多赢。

第二节　一流学科建设与绩效评价

一、"双一流"建设的重要性

当环境发生变化时,旧的政策、制度若遭遇挑战,就会引发制度、政策调整。同理,高等教育政策也会根据时代发展和环境变化进行调整和优化。大国办教育通常比较艰难。一段时期内,国家往往通过重点支持一批高校快速发展,以点带面,以促进高等教育快速发展。我国通过"211工程""985工程"的重点建设,使一批重点高校和重点学科建设取得重大进展。[①]这些高校获得国家重点支持后加快建设,实现了跨越式发展。

随着市场经济的发展,兼顾效率与公平成为更多高校和社会大众的心声。为了克服过去的重点政策存在的"身份固化、竞争缺失、重复交叉"等问题,"双一流"政策应时而生。[②]"双一流"政策是高等教育发展的重大战略决策,旨在促进更多的高校建成世界一流大学和世界一流学科,具有十分重要的意义。

第一,经济大国要实现可持续性发展,需要高校培养一流的人才作为重要建设者。目前中国已经成为全球第二大经济体,需要加大投入,继续实施科教兴国战略、人才强国战略,方能使国家具有足够的人才储备,以从容应对世界发展的各种机遇和挑战。

第二,增强人民对社会主义的道路自信、理论自信、制度自信、文化自信,需要高校提供更优质的高等教育做支撑。

第三,中国要跨越"中等收入陷阱"、实现创新发展驱动战略,需要一流的高等教育做保障。中国特色社会主义建设跨越"中等收入陷阱",需要高等教育提供技术革新和制度革新的智力支撑,促使中国技术从跟随走向引领,从知识生产的借鉴者走向知识生产的原创者和引领者。

总之,"双一流"建设顺应世界高等教育发展趋势,亦是国家赋予高校的特殊使命。国家期望高校为经济社会发展培养和储备更多的高素质的拔尖创新型人才。高校既要推动社会各行业快速发展,又要为其提供强有力的决策咨询,为实现文化强国和中国梦助力。

二、一流大学与一流学科的关系

世界一流大学需要世界一流学科作为支撑。只有世界一流学科达到一定数量,学校才有底气进入世界一流大学行列。世界一流大学彰显的是该校具有世界一流的办学水平、治理水平,并在国际高校行列中具有显著的影响力。

一流学科在当前语境下指的是某一级学科或学科群具有显著影响力,突出

[①] 国务院关于印发统筹推进世界一流大学和一流学科建设总体方案的通知 [EB/OL]. http:// www. gov. cn/zhengce/content/2015−11/05/content_10269. htm.

[②] 统筹推进世界一流大学和一流学科建设实施办法(暂行)[EB/OL]. http://www. gov. cn/ xinwen/2017−01/26/content_5163670. htm.

高水平知识生产的原创性和引领性、高质量人才的全球胜任力——参与全球合作与竞争的能力。

三、一流学科与学科平原、学科高原的关系

如果视一流学科为学科高峰，假如没有学科平原和学科高原的底部叠加支撑，一流学科就处于悬浮状态；如果视一流学科为金字塔尖，没有底部的学科平原和学科高原支撑，就难以持久平稳，终将坍塌。一流学科在知识生产过程中需要处于学科平原、学科高原的学科提供补给，有时会产生新的交叉学科，从而孕育学科新的增长点。

另一方面，一些看似"无用"的学科实则丰富着学校的人文底蕴。好比人在现代化进程中需要一技在身，若再能拥有一两种健康爱好则好上加好。一技在身，从广义上讲，不单指一门手艺，而更强调综合素质的专业化。专业化程度与社会个体对美好生活的期望程度及生活方式有关，通常是越向往美好的生活越需要付出更多，包括接受更多的、优质的高等专业教育。

建设和发展学科难，毁学科易。因此，研究型大学在建设一流学科高峰时要及时填平学科平原和学科高原的凹陷处，使教师和学生生活在富有文化底蕴的校园中，帮助他们完成个人的现代化，使学科高峰拥有持久的发展后劲。

一流大学、一流学科建设非一日之功，而是久久为功。学科平原、学科高原、学科高峰需要层层递进建设。例如，南京大学的学科建设规划路线是：从 20 世纪 90 年代开始，前期主要着力于"打基础"，填平补缺，改善条件，形成了学科平原；中期主要着力于"建平台""抓队伍"，深入推进学科布局调整与结构优化，形成了许多学科高原；今后将把一流学科建设的重点放在学科高峰的建设上，通过选准高峰点给予精准支持，用高峰来带动学科进入世界一流。①

四、打造良好的学科成长生态系统

"尺有所短，寸有所长"，即便已经成为世界一流大学，亦不可能要求所有学科都成为世界一流学科。因此，研究型大学在加强世界一流大学建设过程中，不能削足适履，而需要注重一流学科的生态建设。

---

① 南京大学迎来 114 周年校庆 [EB/OL]. http://js. cnr. cn/2011jsfw/rdcj/20160520/t20160520_522195307. shtml.

一流大学、一流学科不会迅速产生,需要经过一代代学者的努力。如果经费非常充足,大学采取非常规手段可能在短时间内建成世界一流大学,但大多数研究型高校还是需要稳步发展,为一流学科成长营造良好的学科生态系统,以逐步实现建成世界一流大学的目标。

(一)一流学科建设目标

根据《统筹推进世界一流大学和一流学科建设实施办法(暂行)》(教研〔2017〕2号)规定的世界一流大学、世界一流学科遴选标准[1],一流学科建设的目标包含以下几方面:第一,学科水平位于国内前列或国际前沿;第二,学科影响力在第三方学科排名中位于前列;第三,国家急需或对行业、区域发展有重大影响;第四,学科核心竞争力强,具有不可替代性。

(二)分类支持、分类发展学科

经济社会发展既会促进学科分化,又会促进学科融合。一流学科建设需要优化学科布局,使学校学科发展适应经济社会发展的需要,并在学科分化或融合时能及时调整战略方向,使学校的主要学科与经济社会协同发展。因此,研究型大学需有良好的制度设计,以妥善处理弱势学科[2]:对强势学科、弱势学科分类支持,分类发展;为交叉学科留足成长空间;为基础学科提供基本保障。"花无百日红",今天的弱势学科若遇到良好的学科生态,未来即便不能迅速脱颖而出,也有可能为强势学科提供补给、支撑。同样,今日的优势学科若不思进取、加强建设和创新发展,也容易被其他高校赶超,沦为弱势学科。

一流学科治理的现代化即要实现这样的发展愿景:弱势学科和优势学科融通发展,弱势学科为优势学科发展源源不断地提供知识补给,为跨学科发展、交叉学科发展提供助力,并在此过程中实现弱势学科和优势学科发展的"双赢""多赢",弱势学科自身获得更多的发展资源,甚至产生新的优势学科、强势学科。

① 统筹推进世界一流大学和一流学科建设实施办法(暂行)[EB/OL]. http://www.gov.cn/xinwen/2017-01/26/content_5163670.htm.
② 郭华桥. "双一流"背景下研究型大学弱势学科的治理逻辑[J]. 重庆高教研究,2016,4(06):29-36.

（三）理顺一流学科管理体制

第一，学校需成立一流学科建设专家咨询委员会、一流学科建设领导小组、一流学科建设委员会及执行委员会（简称"执委会"）。一流学科的发展必须对学校的发展具有引领性，因此需要专家咨询委员会把握一流学科发展方向，尤其是行业特色院校的学科发展还需要与知名企业实施联动建设发展。第二，一流学科建设主要按照一级学科或学科群来建设。因此需要一流学科建设领导小组胸怀促进学校发展的大格局，破除学科壁垒，加强资源整合。例如，传统院系主要基于二级学科分类设置，而一流学科建设强调以一级学科或学科群为建设单位。所以，破除二级学科间的学科壁垒是首当其冲需要解决的问题，由此才能"抱团取暖"取得最好的效果。第三，充分发挥一流学科建设委员会和执委会的作用。执委会类似于学术委员会，一流学科建设过程中的一些学术评价、绩效考核、成果认定事项可交付其论证。

研究型大学应力争形成学科布局合理、相互支撑、均衡发展的格局。在知识生产分裂和融合的过程中，研究型大学的学科生态应该犹如大海中行进的海浪，后浪（弱势学科）不断助力前浪（强势学科、优势学科、特色学科）奔腾，前浪翻滚过程中带着后浪一起奔向远方，有时前浪暂时成了后浪，后浪汇入了前浪。基于促进世界一流大学、一流学科建设的共同目标，研究型大学中的知识分子迸发的思想火花就犹如那海风，推波助浪。这些火花或许是散步时的"灵光乍现"，或许是一起讨论时的共同启发。理顺一流学科管理体制的目的，一方面是要为不同学科的知识分子搭建相互协作、共同进行知识生产的平台，另一方面是要制定出让知识分子迸发出思想火花的学科治理制度，这也是学科治理现代化的精髓。

（四）培养造就一流师资队伍

一流师资是建设一流学科的重要保障，只有拥有一流的师资队伍才能保证高品质的科研成果不断涌现和人才培养质量的不断提高。因此，需要注重师资队伍梯队建设，尤其是引进高水平人才时要尽可能形成群聚效应。

五、一流学科建设与人才培养

人才培养始终是大学的根本任务。一流大学、一流学科建设的终极目标是提高科研质量及人才培养质量，从而促进技术革新和培育具有全球胜任力的人才。

技术革新不能只停留在头脑中,需要专业人才一次次地去实验。因此,一流学科建设仍需以人才培养为中心,一流大学只有源源不断地培育具有全球胜任力的高素质人才才能不辱使命。

研究型大学的人才培养注重引导学生进行研究性学习,培养其科研能力和创新能力。同时,研究型大学也为学生提供了很多的科研机会。一流学科建设需要激发硕士研究生、博士研究生的科研潜力。

六、一流学科建设的绩效评价

绩效评价的意义在于为政府支持高校学科建设提供决策依据,对高校自身发展也具有指导意义。

(一)一流学科建设绩效评价的意义

学科建设包括两部分内容:结构性要素,即学科方向、学术队伍、学科平台[①]、学科资源;功能性要素,即高校的办学使命——人才培养、科学研究、社会服务和文化传承创新。一流学科建设绩效评价的意义在于解决"211 工程""985 工程"存在的"身份固化、竞争缺失、重复交叉"等问题,回应社会关切。"双一流"建设语境下的一流学科建设绩效评价指运用相对科学的评价指标体系,通常以四五年为一周期,合理地对一级学科某一时段的成果按照投入与产出的效益进行客观评价。

(二)一流学科建设的绩效评价体系

学科建设的特殊性,使得研究型大学的学科建设绩效评价与企业的绩效评价存在本质区别。特别是学科建设项目的"投入—产出"之间具有非关联性、时滞性以及异质性等特点,很难直接对项目的产出成效进行准确的评价。因此,一流学科建设绩效评价既要着眼于评价指标和绩效目标的正相关性,又要考虑教育具有长期性、持久性和公共性等特征。[②] 因此,需要防止绩效评价陷于唯"数据至上"的误区,以免再次引发对弱势学科的不理性调整和裁撤。

---

① 梁传杰. 论学科建设绩效评价 [J]. 北京科技大学学报(社会科学版),2010,26(01):158-161.

② 杨清华,孙耀斌. 试论重点学科建设中的绩效评价 [J]. 学位与研究生教育,2008(05):56-58.

中国大学和学科评价体系的建立须以中国道路、中国制度、中国理论、中国梦和中国经验为中心，秉持鲜明的社会主义核心价值观，把握正确的评价导向与政治方向，着力推动具有"中国特色"的世界一流大学和一流学科评价体系的形成，切实发挥好学科评价制度作为"双一流"建设"风向标""助推器"的作用。[①]

（三）研究型大学学科绩效自我评价

1."对标"

建设高等教育强国、人力资源强国需要促使高校百舸争流，通过竞争产生强大的发展动力。"对标"，即采用标杆分析法，在综合性院校和同类院校中选取一两所作为本校的竞争目标，定期进行数据挖掘比对，不断缩小与标杆学校的距离。

每所大学、院系都应有自己特定的一组或一类竞争对手和"同行"，通过绩效评价，不断调整和优化发展战略，确定新的发展目标，深化综合改革，力争实现跨越式发展。[②]同方向行车，若居于后位，只有以更快的速度才可能赶上对手。因此，研究型大学应恰当实施赶超战略、"弯道超车"战略，树立"慢进亦退"的理念。

2."对表"

"对表"，即用相对科学的评价指标评估现有成果，即开展预评估。例如，参照第四次学科评估申报表格，相关学科每年填报更新数据。预评估既能大大提高正式评估时的工作效率，又能用数据说话，直观呈现每年的进步幅度和与目标的差距。

总之，世界一流大学和世界一流学科建设是国家建设高等教育强国、人力资源强国的重要决策，也是一项长期、系统、动态的工程。研究型大学需要学术权力、行政权力齐心协商共治，力争形成良好的学科生态平衡。同时，对阻碍"双一流"建设的体制机制要立即进行改革，破除一级学科内部二级学科之间的壁垒。"双一流"建设高校需要以有利于学校从容应对 2020 年"双一流"验收的大格局观来协商治理一流学科建设制度、体制机制，提升学校治理现代化能力。

---

① 吴付来."双一流"建设评价要有中国标准 [N].中国教育报，2017-03-23（005）.
② 陈明.现代大学战略管理 [M].武汉：湖北人民出版社，2012：162-166.

第三节 一流人才培养与教学评价 [①]

人才培养的现代化更多地是实现人才培养质量的国际化，使学习者具有全球胜任力。研究型大学中的学习者绝不仅仅局限于在国内就业，而是要放眼全球。为此，研究型大学需要全方位完善学习者的学习环境，并通过大数据平台为学生的个性化发展提供最新、最全的学习资源，在"以学习为中心"的理念下，推进教育教学改革。

一、中国研究型大学培养一流人才的责任担当

国务院《统筹推进世界一流大学和一流学科建设总体方案》（国发〔2015〕64号）强调建设世界一流大学、一流学科需扎根中国大地，"以中国特色、世界一流为核心，落实立德树人的根本任务"。

研究型大学作为高等教育改革的先行者，义不容辞地承担着培养高素质、拔尖创新型人才和知识生产、创新的引领者的重要责任。那些人口较少的发达国家的知名大学或许可以分类发展，例如，一些发达国家的大学或研究机构进行知识生产，产出一流的科研成果，而一些大学提供一流的教学。但是，前文提及中国高等教育需要充分发挥研究型大学的示范作用，并尽可能地提供"一流的教学""一流的科研""一流的社会服务"，使其相互融通、创新发展。

因此，我国多数研究型大学需加快教育现代化建设的步伐，为实现"两个一百年"奋斗目标和中华民族伟大复兴的中国梦，培养大批合格的建设者和可靠的接班人。

二、厘清一流人才培养理念：立德树人，全面发展

研究型大学需要厘清和坚持的一流人才培养理念是：立德树人、全面发展。知识无国界，但中国教育必须为中国特色社会主义事业培养大批的合格建设者和可靠接班人。

长期稳定与和平发展是世界人民共同的期盼，国际社会的稳定和发展需要

---

① 本节系湖北省教育厅教学研究项目"大数据时代高校教师课堂教学改革与评价体系研究"（编号：2014160）的研究成果。

研究型大学培养更多具有全球胜任力的一流人才。而这需要通过一流的高等教育来实现。同时,现代科技的迅速发展,也大大缩小了地球上的时空距离,地球村的状态越来越趋于现实。为了应对地球村时代的到来,今日的研究型大学必须树立全面发展的人才观。研究型大学培养的一流人才、卓越人才不能再局限于在某个地区、某个行业(领域)就业,而需要具有国际化的大视野、大格局,增强全球竞争力,能够参与国际竞争。

研究型大学要全面担负起培育德才兼备、全面发展的一流人才的重任,特别是要教会学生学会学习,养成终身学习的习惯。

三、打造现代化的一流师资队伍

高等教育现代化旨在立德树人、促进人的现代化。[①]法国著名政治学家让·莫内认为,实现现代化必须先"化"人后"化"物;美国社会学家英克尔斯认为,如果执行和运用现代制度的人自身还没有从心理、思想、态度和行为方式上经历向现代化的转变,失败和畸形发展的悲剧结局是不可避免的。[②]因此,培养现代化的学生必须有现代化的教师队伍作支撑。

(一)现代化教师的角色创新:"平等者中的首席"

在信息化、大数据时代,学生普遍拥有智能手机,众多高校的网络信号全覆盖教学楼、学生宿舍和体院场馆等。大学生可以非常便捷地获取各种学习信息,从而导致师生之间的知识占有率发生变化、师生之间的文化资本落差逐渐缩小。

大数据时代,传统意义上的教学形式将逐渐退出,课堂上教师已从传统单向度的讲授者转变为课程学习的引导者,"以教师为中心"的教学模式向"以学生为中心"的探究式、自主化和个性化的教学模式转变,因材施教将得以真正实现。教师将成为师生关系中"平等者中的首席"(first among equals)——教师的作用没有被抛弃,而是得以重新构建,从外在于学生情境转化为与这一情境共存。[③]教师将会与学生展开更深和更广的对话、合作、共享,并必然引发教师角色的创

---

① 瞿振元.扎实推进高等教育现代化 [N].人民日报,2016-01-31(005).

② 宋立军,王晨曦.论教师的现代化与符号素养 [J].教育与教学研究,2013(03):11-13.

③ 〔美〕小威廉姆·E.多尔.后现代课程观 [M].王红宇,译.北京:教育科学出版社,2000:238.

新,教师将全方位超越知识的提供者等权威角色,而成为学生自主学习的促进者和学生智慧与情意等精神资源的开发者。[①]

(二)现代化教师的职业素质:具备开放胸怀和健康人格

现代化教师应具有独立人格、理性判断力、终身学习能力,以更加开阔的视野为学生提供更为广阔的天地。[②] 现代化教师角色的创新,引发教师职业素质的再建构,即发展其包容性和创新性思维素质[③],建构其更加健康和谐的人格特质[④]。

第一,现代化教师主动适应全球化发展需要,不固守单一学科,能以开放的胸怀兼收并蓄其他学科知识,并为创新型人才培养提供跨学科的主题教学,为经济社会发展提供更加专业、全面的智力支持。第二,现代化教师主动建构适应构建人类命运共同体的更为健康和谐的人格。研究型大学师生间的互动更为频繁。言传不如身教,教师的人格特征会潜移默化地在学生身上打下烙印。这一点不足为怪,因为校园文化育人包括教师身上散发出的文化气息育人。随着相关制度的完善,人民教师的物质生活水平逐步提升。在尊师重教的社会建设中,绝大多数教师摆脱了单纯追求物欲,而自觉或不自觉地形成了健康和谐的人格。唯有具有健康和谐人格的教师才有可能促使其学生健康人格的养成。第三,信息技术的飞速发展给高等教育带来了深刻变革,现代化教师能紧跟时代步伐,主动适应信息技术引发的教育教学变革,并充分发挥大数据分析对教学决策和治理的促进作用。

(三)现代化教师的重要任务:实现科教融合

研究型大学区别于教学型大学的重要特征在于:一流的科研为一流的人才培养服务,强调科教深度融合,学术研究全力反哺支撑教学,促使研究型大学人才培养质量的提高。学校要出台相关政策促使高水平教授、副教授、青年学者进行科教融合,为本科生讲授专业课并保证教学效果。

---

① 潘涌. 论全球化视野中的教师角色现代化 [J]. 教育与现代化,2003(02):77-80.
② 雷振海. 教育现代化需要教师现代化 [EB/OL]. http://www. ahedu. gov. cn/832/view/225256. shtml.
③ 潘涌. 论全球化视野中的教师角色现代化 [J]. 教育与现代化,2003(02):77-80.
④ 谌安荣. 教师现代化及其生成路径 [J]. 云梦学刊,2015(03):120-123.

四、构建与时俱进的专业和课程

"以学生为中心"即"一切教学均以促进学生学习为中心"。教师引导、激发学生向学的积极性,借助大数据技术,与学生进行更加紧密的互动,提供给学生更丰富、更个性化和更有针对性的学习资源和菜单式的课程库,使学生根据未来职业发展需要自主选择学习课程。

应用性较强的专业必须校企协同结合,共育一流人才。高校的专业、课程设置需要与社会发展相适应,才不会导致学生毕业即失业。课程考试方式也需要与时俱进并适当创新。

大学生就业通常优先考虑岗位与所学专业是否对口,岗位不对口是退而求其次的选择。此时,大学生需要反省当初的专业选择是否科学、大学期间自身是否足够努力并充实地奋斗过;研究型大学则需要反省学校所提供的专业和课程是否合适。笔者认识的一位学生,由于入学时对所学专业不满意,试图待学校转专业工作启动后立即申请转专业。然而,第一学期学习结束后,笔者询问其是否还想转专业时得到的答案却是否定的。该生毕业后通过公务员考试去了家乡政府部门,工作和生活状态都很好。此个案表明,青年大学生的可塑性是很强的,只要研究型大学尽力提供合适的专业和课程,足以使学生毕业后在社会上找到属于自己的位置,并过上美好的生活。

同时,研究型大学在办学资源丰富的情况下除了可在全球聘任优秀教师外,还可以借助先进的教育技术推进全球优质课程资源共享,采用全球优秀教师上课、助教答疑的教学模式。

五、增强师生的现代化素养

(一)培育数据素养

大数据对学校的知识教育环境乃至教育生态系统的影响是巨大而又深远的,大数据成为重要的知识资源。[①] 适应大数据时代的要求,数据素养将成为现代化师生的核心素养。

提高师生的数据素养,有助于提高教师的教学科研水平、促进大学生终生

---

① 张明海,周艳红. 大数据时代大学生数据素养教育的目标定位及体系构建 [J]. 图书馆,2016(10):84-88.

学习能力的养成。数据素养(data literacy),也常称为"数据信息素养"(data information literacy),主要指研究者在科学数据的采集、组织和管理、处理和分析、共享与协同创新利用等方面的能力,以及研究者在数据的生产、管理和发布过程中的道德与行为规范。[①]

研究型大学最大的特点在于研究性教学,教师除了讲授一些基础课程外,还使大学生的学习成为一种"实证研究"过程,不是教学生死记硬背知识点,而是教会学生广泛地收集证据,佐证所学的知识点,并在头脑中对知识点进行建构产生真正的认知,探究知识点之间的关联性,在头脑中产生运用相关知识点的情境库。大学生应在面对需要解决的各种现实情境时能够熟练地调用头脑情境库中的相应情境与之匹配,高效地找到解决现实问题的有效方案。有学者从数据意识、数据获取能力、数据处理与分析能力、数据交流能力、数据评价能力及数据道德六个维度构建了高校师生数据素养能力评价指标体系。[②]

(二)提升"法与经济学"思维

法治是建构现代社会的基本工具,公民的言行需要符合法治社会的要求。当前中国实施依法治国战略,着力推进治理体系和治理能力现代化建设。有基层民警反馈:一方面,当前人民的法律意识普遍提高,受到侵害时能够积极维权;另一方面,法律宣传还需进一步加深,公民在维权过程中由于对法律内容不甚了解,导致一些行为失当,所以亟须加强法治教育。

建立现代法治社会,必然要求社会化中的个体具有"法与经济学"素养。目前,美国、澳大利亚、加拿大等发达国家已将财经素养教育上升为国家战略予以推进[③],我国可借鉴相关经验将"法与经济学"素养上升为国家战略,在全社会贯彻实行。

加强"法与经济学"素养教育不是让学生去学习系统的法律和财经知识,而是使其增强"法与经济学"的思维能力,保证其言行处在法治的框架内,这样才能自由地生活和获得更加全面的发展。

① 张静波. 大数据时代的数据素养教育 [J]. 科学, 2013(04):29-32.
② 隆茜. 数据素养能力指标体系构建及高校师生数据素养能力现状调查与分析 [J]. 图书馆, 2015(12):51-56.
③ 张男星. 青少年财经素养教育标准的"中国范儿" [N]. 中国教育报, 2017-03-02(007).

六、运用一流的教学技术

信息交互技术的飞速发展，现代化课堂教学的社会基础尤其是物质基础、文化基础均发生了重大变化。教师只有积极融入大数据时代的发展潮流，并及时改革教学手段、创新教学方式方能与之适应。大数据时代，教学方式关注的着力点是激发学生向学的内驱动力，培育良好的数据素养。例如，教师以问题和案例为导向的教学方式，引导学生积极搜集国内外的相关研究资料后开展小组讨论，教师对学生的研究结论进行点评促使学生的已学知识融会贯通并掌握新知识。如此循环渐进，可使学生熟练掌握专业知识，成为高素质、复合型、国际化人才。

信息技术的更新迭代使高等学校的教学方式发生了深刻变革。大量研究型大学开启了 MOOC 课程教学方式的先行体验，在学校相关激励政策引导和教务部、信息管理部、人事部教师发展中心的通力协调与合作下，青年教师讲授的 MOOC 课程大量增加，翻转课堂、SPOC 等混合式教学方式得到广泛运用。同时，基于移动互联网客户端开发的各种应用小程序与微信融合产生了积极效果，深受青年教师的青睐。举例如下。

（1）"雨课堂"。为了解决 MOOC 课程在一定程度上存在的"线上线下脱节、数据采集无法形成闭环"等问题，清华大学研发出智慧教学工具——"雨课堂"。①

（2）"微助教"。华中师范大学青年教师田媛带领团队开发的"微助教"是嵌入微信的课堂互动工具。"微助教"操作简便，方便实用，实施趣味性的过程性评价和教学。学生只需在微信中关注"微助教"公众号，便可以迅速投入课堂学习中，签到、答题和参与讨论都可以在短时间内完成。②

（3）"智慧教室"。"智慧教室"的优势在于集物联网和智能终端等新技术于一体，实现教学环境、物联管理、教学方式和教学评估的智能化，让师生体验更加生动和高效的课堂教学模式。

随着教育信息技术的发展，今后将会有更多的微应用在研究型大学课堂上呈现。

---

① 曾瑞鑫. 学堂在线召开发布会宣布推出智慧教学工具——雨课堂 [J]. 亚太教育, 2016（24）: 3.

② 党波涛. 华中师大"微助教"为何这样火 [N]. 中国教育报, 2016-12-06（003）.

七、营造一流的学习文化

大数据时代,教学场域中的师生角色边界日益模糊,教师权威日渐式微。高校教师的课堂教学行为将不再是单向度活动,而是师生同构的活动。年轻学生对新技术的掌握往往快于长者,因此需要教师放低姿态,主动融入"90 后""00 后"的学习生活当中,跨越年龄代沟。

大数据改变了教育生态,营造了线上线下同时互动的学习文化。视频通信技术大大压缩了教育交往的时空。不论交往对象分散在地球上的哪个地区,只要同时在线就可以实现交往的零时差。热爱学习的学生会通过 QQ 群、微信群等社交网络跨越学校、跨越地域的限制建立"学习共同体"。

古人云"一日为师,终身为父",这里的"师"需要做到"学高为师,身正为范"。笔者特别想强调研究型大学的"师门"建设,发展"师门"不是搞"小圈子",而是在"师者"的积极引导下从事一些创新性研究。一个个小"师门"即可视为一个个创新团队,研究型大学众多小"师门"汇聚在一起可以产生大能量。

为了适应大数据时代智慧教学的需要,大学需要建设"智慧教室"。为满足小班教学分组讨论的需要,应将固定桌椅调整为可移动拼搭桌椅。同时,建造多种类型的教室,如阶梯形、平等形、圆形、U 形、马蹄形。教室里至少应配置三种话筒:讲台上的话筒、贴在教师衣领上的话筒、学生互动的移动话筒,以适应多种教学方式的进行。[①]

第四节　大学国际化建设与本土特色

高等教育国际化发展的历史其实很悠久,最早可以追溯到古希腊时期,那时跨国游教和游学之风相当盛行。[②] 12 世纪之前,英国没有大学,学生主要寄读在法国。游教、游学之所以风靡全世界,是因为教育有国界,而知识却具有普遍性。知识不会随着地域的变换而无用、失效。无用是因为运用者使用知识的时机不对;失效是因为运用者盲目照搬知识,不与本土实际相结合,没有具体问题具体分析。

---

① 杨灿明. 妥善处理"七大关系",稳步推进高水平大学建设——在学校"十三五"规划征求意见座谈会上的讲话 [N]. 中南财经政法大学报,2016-05-30(001).

② 陈学飞. 高等教育国际化跨世纪的大趋势 [M]. 福州:福建教育出版社,2002:5.

高等教育国际化是研究型大学发展现代化的应有之义。中国作为后发外生型国家,高等教育国际化建设需要与"中国特色"相结合才不会犯"教条主义"。

一、高等教育国际化的动力之源

高等教育自萌芽起就与国际化分不开,尤其是当今处于全球化、地球村时代,高等教育国际化活动更加频繁。陈学飞教授总结高等教育国际化的动力之源主要有六大方面:政治力量、经济利益驱动、文化交流与教育本身发展要求、人类对世界和平的追求、信息传播全球化、国际组织推动。[①] 具体而言,可以从以下方面分析。

我们在政治上既要有敢于接受世界先进事物的胆识,又要有自觉抵制被"西化"的智慧。中共中央、国务院印发的《关于加强和改进新形势下高校思想政治工作的意见》强调"高校肩负着人才培养、科学研究、社会服务、文化传承创新、国际交流合作的重要使命"[②]。该意见标志着国家正式将国际交流合作作为一项重要使命赋予高校,因而国际交流合作又被称为"大学的第五职能"。

提升高等教育国际化水平,不仅有利于培养卓越的国际化人才,还可通过教育外交,加强国际合作,为国家带来经济收益。目前,高等教育强国纷纷拓展国际化教育,仅留学生的培养费一项就数额不少。

在全球化浪潮之中,为了避免"鸡同鸭讲"现象的出现,需要通过高等教育构筑国际化交流的工具。同时,人类追求文明的脚步永不停歇,学者和向学的学生们也渴望学习、借鉴其他国家和地区创造的文化成果,进而取长补短再创造新的文化成果。

飞速发展的信息技术大大推动了全球信息交流和传播的速度,尤其是即时通信技术的革新,让参与者不管身处何处,只要有网络就能即时交流。即时通信工具的普及化,改变了人们的工作和生活方式。与此同时,通信技术的发展使全球学者搭建学术网络非常便利,大大提高了学术生产的效率,极大地促进了高等教育国际化发展。

国际组织如联合国教科文组织、经济合作与发展组织(OECD)、世界银行

---

① 陈学飞. 高等教育国际化跨世纪的大趋势 [M]. 福州:福建教育出版社,2002:15-21.
② 中共中央国务院印发《关于加强和改进新形势下高校思想政治工作的意见》[EB/OL]. http://www. gov. cn/xinwen/2017-02/27/content_5182502. htm.

（World Bank）也为推动高等教育发展发挥着重要的作用。

几大动力之源集中发力促使高等教育国际化加快发展成为大势所趋。但是，对具体的大学而言，不得不说它们面临着重要的战略选择。以研究型大学为例，一方面，研究型大学要不断锤炼"内功"，将办学水平提升到一定层次，拓展国际化战略，才会有更多的选择和更高层次的合作伙伴。另一发面，研究型大学需要在国际上寻找"对标"学校，加强交流，汲取先进经验，取长补短。例如，经管类高校可以伦敦政治经济学院、日本一桥大学、荷兰蒂尔堡大学等为"对标"大学。

二、高等教育国际化的传统路径

研究型大学不融入高等教育国际化浪潮就会失去研究型大学应有的特征。学生流动是高等教育国际化的重要表现。多年前，我国大学校园里出现三三两两的外国学生还引人围观，现在一些高校拥有数百的外国学生也司空见惯，特别是知名大学里的留学生和外国教师的数量更多。

阿特巴赫将高等教育国际化总结为："政府、学术系统和高等院校甚至个别学系所实施的具体的政策和计划，以支持学生和教师的流动，鼓励海外合作研究，在其他国家建立联合培养计划以及各种创新活动。"[①] 从中可以看出，高等教育国际化的传统路径是：积极鼓励师生去先进国家或地区接受先进教育，或攻读学位，或接受培训，或合作研究，以提升留学者的能力，使其获得更好的发展，以便更好地服务国家发展。

三、高等教育国际化传统路径的现实困境

（一）外国学习的实际效果评价难

高等教育国际化的传统路径过于注重人员流动的数量甚至以数量作为考核指标，使考核指标往往流于形式。一些留学人员拖家带口，真正花费在学习、学术上的精力往往比预计的少。学校对访学或留学的效果往往缺乏客观、科学的评价标准，最后往往成为"糊涂账"。

---

① 〔美〕菲利普·G. 阿特巴赫. 新世纪高等教育：全球化挑战与创新理念［M］. 陈艺波，别敦荣，等，译. 青岛：中国海洋大学出版社，2009：103.

（二）难解现实顾虑："文化霸权"的侵袭

留学者长时间身处异国他乡，其思想会不会被其他国家的意识形态所浸染，这是高等教育国际化传统路径始终无法克服和必须直视的问题。

陈洪捷教授认为，高等教育国际化传统路径当中，"富国"是大赢家，"富国"通过"给予"进一步强化了其在知识、技术和产品方面的优势地位，而"穷国"通过参与虽与国际接轨却也强化了其依赖者的地位。[①]

四、高等教育国际化的新路径："在地国际化"

高等教育国际化势在必行，但我们又必须尽可能地克服高等教育国际化传统路径的弊端。这种弊端早已引起世界学者的关注。于是，有学者提出可将"在地国际化"作为高等教育国际化的新路径。

（一）"在地国际化"的含义、特征、优势和局限

刘宝存教授认为，高等教育"在地国际化"是从人才培养的角度，强调高校应利用国际办学资源——国际学者、国际学生、国际教材、国际项目（自主项目、联合项目）、国际课程、远程教育、跨境教育、国际会议等途径，培养具有国际视野、通晓国际规则、具备国际竞争力的高层次人才。[②] 由此可见，"在地国际化"的特征是：在本土实施国际化教育。

其优势主要有：第一，"在地国际化"通过引进国际先进教育，可以覆盖更多的学生，特别是那些家庭贫困但成绩优异的学生将从中获益。众所周知，国外留学的各种生活开销对家境一般的学生来说不是小数目，所以贫困学生即便通过了留学申请，也可能会因为经济方面的压力放弃来之不易的机会。"在地国际化"引进国外先进的教育在本土实施，无疑对这些学生来说是大有裨益的。第二，有效避免大学生思想意识形态在异国他乡受到侵蚀。大学生是祖国未来的希望，大学阶段是他们的世界观、人生观、价值观形成的关键时期。此时，他们很容易被社会上的不良现象影响，易受西方所谓的"民主"宣传所迷惑。在中国本土实施国际化教育，西方反动势力的虚假宣传将失去土壤和培育的温床。

---

① 储召生. 中国顶尖高校探索"国际校区"模式 [N]. 中国教育报, 2016-11-28 (005).
② 蒋冰清. 论新建地方本科高校的在地国际化 [J]. 湖南人文科技学院学报, 2016, 33 (02): 99-102.

当然,"在地国际化"也有一定的局限:第一,本土国际化条件是否成熟,对"在地国际化"影响较大。例如,国际学者、国外教材、跨境项目、多元课程等是否齐全,高水平国际学者的数量是否充足。第二,"在地国际化"主要面向学生,而本土教师国际化水平的迅速提高,还需要传统路径和新兴路径相结合。

(二)我国研究型大学"在地国际化"的有利条件

1. 国家繁荣昌盛为"在地国际化"提供了政治保障

教育与政治分不开。美国前总统奥巴马劝导学生认真学习,直言学生的自暴自弃就是对国家的抛弃,把学生个人学习责任直接上升到对国家的态度。[①]

国家繁荣昌盛和国泰民安可为"在地国际化"提供环境保障。如果生活不稳定,教育则无从谈起,更谈不上发展国际化教育。

国家的繁荣昌盛和教育国际化相互促进,前者是后者的保障,教育国际化水平提升反过来又促进国家强盛,二者是螺旋式上升、水涨船高的关系。

在西方经济发展乏力、削减大学办学经费的情况下,中国的发展吸引了更多境外知名教授和留学生来中国教学和学习。例如,国家统计局统计数据显示,我国高校留学生在校人数逐年增加,增幅较大。2008年,我国高校留学生招生人数为71294人、在校人数106870人、毕(结)业人数52745人(授予学位7406人);2013年,留学生招生人数106448人、在校人数174806人、毕(结)业人数91251人(授予学位19025人)。[②]来我国留学的学生人数增多彰显出中国高等教育的实力正在增强;同时,中国高等教育的评估模式和质量标准开始走上国际舞台。

2. 国家战略有助于引进外国一流师资

改革开放40年来,中国高等教育快速发展。高等教育强国战略和"双一流"建设会给研究型大学增加更多的财政收入,从而为我国研究型大学尤其是"双一流"高校引进外国一流师资提供更充足的资本。只有拥有世界一流的师资和提升现有师资队伍的国际化水平,"在地国际化"才能真正落到实处。

---

① 邱伟光. 中美学生责任教育的比较分析——简析奥巴马对全美中小学生的讲话 [J]. 思想理论教育, 2010(08):4-8.

② 中华人民共和国国家统计局. 高等教育学校(机构)学生数 [GB/OL]. http://data. stats. gov. cn/easyquery. htm? cn=C01.

3.优秀学者与外国学术界频繁互动有助于拓宽学生视野

随着中国高等教育实力的增强,一大批中青年骨干学者、优秀学者活跃在世界学术圈。"江山代有人才出",目前,"80后"青年学者成长迅速,他们当中的很多人接受过中西方良好的学术训练,具有良好的中西方语言沟通能力。一些思维活跃和学术生产力水平高的青年才俊,通常很快被评为青年长江学者、国家"万人计划"青年拔尖人才等。他们有时活跃在国际会议上,与外国教授进行学术交流;有时,他们又扎根中国大地,出现在基层研究实验环境中。这种张弛有度的双面生活,既能使他们在课堂上引导学生了解世界学术圈的最新研究动态,拓宽视野;又能使他们带领学生剖析本土一线问题。因而,这些青年才俊将成为"在地国际化"的生力军。

4.发达的信息技术使国际教育资源得以共享

互联网技术的迅速发展,使师生足不出户就可以轻松获取所需要的学习和学术资源。同时,世界名校开设的网络公开课越来越多,向学的学生总能找到自己感兴趣的内容。

五、我国研究型大学"在地国际化"的实施策略与实践探索

(一)"在地国际化"实施策略分析

1.教育国际化战略观念和治理流程再造

学校领导层和职能部门需要统一共识:提升教育国际化办学水平将是对内部治理制度和治理过程全方位的再造。大学国际化建设不单是师资队伍国际化建设、人才培养国际化建设,而是大学治理制度和治理过程全方位的国际化建设。研究型大学需要对现有治理制度进行修订完善,将国际化战略贯穿其中。同时,研究型大学需要科学研判高等教育发展趋势,整体规划大学国际化战略并有步骤、有计划地实施,拓宽管理人员的国际视野,提升管理人员的国际思维能力。

2.教育国际化行动需与国情、校情相结合

教育国际化行动战略不可能一蹴而就,通常会经历四个阶段:起步阶段、提升阶段、并跑阶段、引领阶段。起步阶段,学校注重规模扩张,外国留学生较少,学校创造各种条件将教师、学生送到外国学习,并尽可能利用优势学科吸引外国学生来校学习。提升阶段,学校更加关注提升国际化程度,更加注重与外国知名

大学合作,优化完善师生去外国访学、留学的考核制度,来校留学的国际学生有所增加。并跑阶段,学校师生去外国访学、留学的人数明显下降,学校通过大力引进国外优质教育资源(外籍教师、课程)试行"在地国际化"教育,校内留学生数量达到一定规模。引领阶段,全球知名大学主动找学校合作、互派师生,"在地国际化"教育发展程度进一步提高,来自发达国家的留学生占全校留学生总数的比例大大增加。

每个阶段的教育国际化具体行动战略是在借鉴知名高校和同类、同城高校先进办学经验的基础上,结合本土特色和校情实际等各种现实因素,制定出的兼具前瞻性、可操作性、能真正实施的行动方案与具体措施。

3. 注重培育多元、包容、健康和谐的校园文化

研究型大学发展"在地国际化"教育,会使具有不同背景、区域、国籍的师生融入同一场域内,因此需处理好跨文化、跨文明的交流与沟通问题。

在母文化中沟通良好的人,未必在跨文化情境中有良好的沟通能力,因为跨文化沟通能力有更高的要求。跨文化沟通不同于单一文化情境下的沟通,它强调在跨文化情境中能够得体而有效地进行沟通。"得体"包括三方面含义:沟通、反馈、提问方式合适;能够回避不礼貌、让对方不自在、破坏沟通氛围的言行举止(如中国人强调沟通时应该看着对方的眼睛以示尊重,但有的地区文化则是沟通时目光低垂以示尊重);注意沟通节奏,形成良好的沟通氛围。"有效"有两方面的含义:正确理解不同文化背景者所表达的信息;能用对方理解的语言正确地传递自己想要表达的信息。"得体"和"有效"背后都隐含着跨文化沟通能力的特殊性:既要了解自己的母文化,也要了解对方文化,同时还要具有良好的文化共感性,能运用一定的沟通技巧。[1]

研究型大学一方面要求外国师生必须遵守中国的法律和校纪校规,另一方面又必须为其营造包容的校园文化,使来自不同地域的优秀文化、文明均能在校园里生长、互相借鉴与促进,从而充分激活外国师生的创造力,使得本土师生与之交流也能碰撞出思想的火花。这对研究型大学提升国际化办学水平将大有裨益。

由此,新时代大学校园文化建设的任务将更加复杂和艰巨。校园文化制度建设必须体现出多元、包容、国际化的特色。学校在治理过程中应注重为不同人

---

[1] 严文华. 跨文化沟通心理学 [M]. 上海:上海社会科学院出版社,2008:99-100.

群搭建跨文化交流、沟通的渠道,如举办各种文艺活动、交流活动。同时,应为跨文化沟通能力较弱的人群提供帮助,使他们尽快找准自己的定位,顺利度过文化冲击或文化震撼期,尽快融入校园生活,快乐地生活、学习和工作。

(二)"在地国际化"的实践探索

1. 平台建设

当前我国高校的"在地国际化"平台建设主要有以下几种形式:第一,兴建国际校区;第二,兴建国际学院;第三,成立拔尖人才培养学院,并大量引进优秀的外籍教师、具有海外学习经历的本土青年教师;第四,与其他国家和地区的大学联合设立研究中心;第五,以国家重要学科平台为载体,引进外国优秀研究人员。以下主要分析前三种形式。

第一,兴建国际校区。以宁波诺丁汉大学为例。这所学校的特色在于:① 关键人物成就一所大学。宁波籍中国科学院院士杨福家历任复旦大学副校长(1991～1993)、校长(1993～1999)、英国诺丁汉大学校长(校监,2001～2012)。2001 年,上任诺丁汉大学校长伊始,杨福家就思考如何将诺丁汉大学这样在世界高校排名百名之内的优质教育资源引到国内。期间,他还担任浙江宁波万里教育集团的顾问。2004 年,他最终促成了诺丁汉大学与万里学院合作创办中国第一所具有独立法人资格、独立校区的宁波诺丁汉大学。杨福家担任校长,诺丁汉大学副校长陆明彦担任执行校长。① ② 宁波诺丁汉大学集合了诺丁汉大学的优质资源,授予学生该校学位证书。本、硕、博专业齐全,从诺丁汉大学引进教材,在全球范围内选聘优秀教师,全英文授课,小班教学,并沿用诺丁汉大学的教学质量保障体系,获得英国高等教育质量保障署(QAA)认可。③ 注重科研转化。以"集全球智慧,解决地方难题"为己任,特别是利用英国诺丁汉大学与国际企业、欧盟等机构的伙伴关系,结合地方发展需求积极开展跨国、跨界、跨地区、跨学科科研合作和学术交流,促进技术转移和成果转化。②

从各方面情况来看,宁波诺丁汉大学在一定程度上相当于英国诺丁汉大学

---

① 杨福家 [EB/OL]. https://baike. baidu. com/item/%E6%9D%A8%E7%A6%8F%E5%AE%B6/43460.

② 曾毅,王君. 从先行到典范——宁波诺丁汉大学创中外合作办学样板 [N]. 光明日报,2015-10-23(006).

的分校。那么,这里是否存在前文提及的"文化霸权"问题?笔者认为考察"文化霸权"要关注两个重要指标:有无接受中国共产党的领导;学生的大部分学费有无流向外国。有关资料显示,宁波诺丁汉大学自创办起,宁波市政府就一直参与其中,提供了1亿元的专项资金予以支持,并划拨了高教园区最好的近900亩土地作为校园。[①] 该校一直接受中国共产党的领导,学校党委领导班子齐全,能够保证该校社会主义大学的底色。学校初创时期,经费紧张,英方三年内资助了5000万元,破除了外界"借杨福家来赚中国人的钱"的质疑[②]。

此后,中国与其他国家和地区的合作办学渐渐多了起来。2014年,中外合作大学联盟成立,部分成员名单如下(表2-1)。

表2-1　中外合作大学联盟部分成员名单

学校名称	所在地	正式成立时间	合作高校
宁波诺丁汉大学	浙江	2005	浙江万里学院　英国诺丁汉大学
西交利物浦大学	江苏	2006	西安交通大学　英国利物浦大学
上海纽约大学	上海	2012	华东师范大学　美国纽约大学
昆山杜克大学	江苏	2013	武汉大学　美国杜克大学
温州肯恩大学	浙江	2014	温州大学　美国肯恩大学
深圳北理莫斯科大学	广东	2016	北京理工大学　莫斯科国立罗蒙诺索夫大学
广东以色列理工学院	广东	2016	汕头大学　以色列理工学院

限于篇幅,其他学校在此不能一一介绍。但我们从表2-1中可以看出合作办学的特点:学校校址主要位于经济相对比较发达的地区。因为经济发达地区交通更为便利,居民收入相对较高,当地生源能支付比较高的学杂费,交通便利也方便吸引外国一流大学、外国留学生前来合作和就读。

第二,兴建国际学院。在现有财力有限、各方面条件不成熟的情况下,一些高校即便不能兴建国际校区,也没有停止教育国际化的步伐,而是通过增设二级单位——国际学院,与外国优质大学合作。韩国东西大学创建于1992年,曾被韩国人力资源部选定为韩国教育改革最优秀的大学,在IT、影像媒体、数码动漫设计等领域颇具特色。2007年1月,中南财经政法大学与韩国东西大学签订深度合作

---

① 陈敏. 宁波成功牵手"诺丁汉"[N]. 宁波日报,2008-11-05(A04).

② 柯宣. 杨福家:理想主义者心路历程[N]. 大众科技报,2006-11-28(A05).

协议,由韩方投入 500 万美元、中方投入土地和必要的配套建设,兴建中韩国际教育学院教学楼,并大规模互派学生进入对方学校学习。2011 年,教育部批准中南财经政法大学与韩国东西大学合作举办艺术设计专业(动漫游戏方向)和广播电视新闻学专业(影像内容方向)本科项目,是教育部批准的同类专业中第一个与亚洲高校合作的项目。2015 年 9 月,顺应传统媒体和新兴媒体融合发展的时代潮流和培养应用型国际化人才的内在要求,中韩国际教育学院更名为中韩新媒体学院。

第三,设立创新学院。为提升教育质量,打破现有机制限制,一些高校尝试设立创新学院试点新的教育方法,以应对教育国际化的大趋势。例如,2012 年中南财经政法大学设立文澜学院,从海内外聘请了一批优秀的经济学专家、学者,努力打造一支"国际化、高水平"的师资队伍;建立了"教授治学＋全程导师＋学生自治"的教学管理模式。

2. 实施路径

第一,以国际化课程建设为抓手。"在地国际化"的目的在于惠及所有学生,为所有在校生提供国际化教育。其中,举办国际讲坛是一条基本的路径,而建设国际化课程则是重要抓手。通过国际化课程建设,可充分整合校内本土高水平教师和外国优秀学者的资源和智慧,为学生提供知识的饕餮盛宴。

第二,注重批判、创新性思维训练。批判性思维与创新性思维是紧密联系、无法割裂的。批判性思维产生于对事物原有的本质、结构、发展方向等方面的新推测。批判不等于完全否定,而是对事物是否存在另一种可能的发散性思考。为了验证各种思考的正确性,需要进行一些新的探索。那些被验证为正确的思考和探索实践,往往被称为创新性思维、创新性实践;那些被验证为不可行的思考往往被称为有益的尝试或者证明了一些思考的不可行性。高深知识来源于对原有知识的不断批判和创新。研究型大学"在地国际化"不仅要提供国际一流的教学内容,还要注重对学生批判性、创新性思维的训练。大学生只有接受了批判性、创新性思维训练,对新知识才能做到"知其然""知其所以然",更重要的是,对学术研究、科技创新有着浓厚兴趣的师生通过批判性、创新性思维训练后可对高深知识进行二次创造。只有这样,高深知识才能不断被发现,学术研究梯队、科技创新团队才会"代代有新人"。

第三,全面对接国家、地方和世界的需求。"在地国际化"不是对原有教育的简单升级，也不仅是简单地将讲课语言改为母语以外的语言。研究型大学"在地国际化"需要全面对接国家、地方和世界的需求。例如，在人才培养方面，研究型大学"在地国际化"既承担着为国育"英才"，培养大批德智体美劳全面发展的合格建设者和可靠接班人的重要使命，又承担着为世界育"将才"，造就一批在国际上掌握话语权和制定国际规则的倡议者和领导者的重要使命。同时，人才培养还需要考虑地方和区域发展的需求，有针对性地为地方和区域发展培养一些紧缺的行业特色人才。

第五节　大数据仪表盘与科学决策 *

高等教育现代化包括高等教育信息化。随着信息技术的飞速发展，大数据技术将在研究型大学治理现代化过程中发挥特别作用。国务院于 2015 年发布的《促进大数据发展行动纲要》（国发〔2015〕50 号）强调：建立"用数据说话、用数据决策、用数据管理、用数据创新"的管理机制，实施基于数据的科学决策，推动管理理念进步，实现治理能力现代化；打造精准治理、多方协作的社会治理新模式。①

一、大数据与仪表盘

（一）大数据驱动决策科学化

如今，数据已成为一种战略资源。② 信息和数据是组织决策的重要依据，信息不对称、数据不准确往往影响决策的质量甚至导致决策错误。"知己知彼，百战不殆"，战略部署之前，必须及时、充分收集情报，方能科学、准确地进行决策。

面对全球化、国际化、信息化的挑战，谁能掌握大数据分析这一利器，谁就将

＊ 本节系笔者承担的湖北省教育厅教学研究项目"大数据分析在高校教学治理中的应用研究"（2016155）的研究成果。

① 国务院关于印发促进大数据发展行动纲要的通知 [EB/OL]. http://www.gov.cn/zhengce/content/2015-09/05/content_10137.htm.

② 许晓东，王锦华，卞良，等. 高等教育的数据治理研究 [J]. 高等工程教育研究. 2015（05）：25-30.

在未来的竞争中抢占先机,实现"弯道超车"。为增强核心竞争力,研究型大学不但要准确、实时采集学校运行状态数据,还需要对"对标"学校、同类院校总体运行情况有所了解,方能制定出科学的发展策略。

(二)搭建信息化多方协作治理的桥梁

大学多元协商治理是大学治理现代化的必由之路。在履行党委领导下的校长负责制的大前提下,如何充分吸纳大学其他相关利益治理主体的意见,一直是大学治理现代化发展过程中需要解决的问题。例如,一些大学的支持型校友遍布祖国各地甚至全球,如何及时召集他们、就学校发展的问题进行决策协商?借助发达的信息技术召开全球视频连线会议是解决这一问题的重要途径。

研究型大学治理现代化要将多方治理主体拧成一股绳,形成利益共同体、荣誉共同体。因此,必须缩小多方治理主体彼此间的信息鸿沟,做到信息透明化、公开化。研究型大学可借助信息技术为广大支持型校友和理事会搭建相关信息平台,使他们及时了解学校取得的成就和未来的发展方向。决策咨询会前与会人员可在大数据信息平台通过相应权限及时获取决策需要了解的数据,才能提出更有针对性的咨询建议和更容易实施的支持项目。

(三)仪表盘分析促使治理精细化

目前,学者们对高等教育信息化的研究已经比较深入,并构建了框架。大数据时代巨型组织搭建大数据信息决策系统,发挥决策仪表盘作用势在必行。仪表盘通常指驾驶员驾驶交通工具时为规避风险观察的各种仪表。决策仪表盘(简称"仪表盘")指组织管理者借助信息技术将组织运行状态的各项关键指标通过各种可视化图表呈现出来,提升组织决策质量和决策效率,并彰显决策民主。

仪表盘分析结果多以图表等直观醒目的方式呈现给用户,对数据平台里的大量数据按指定时间段、指标项进行分析,即时产生分析报表,让高校各级管理层和教师及时了解学校现行的运行状况。

当前,研究者勾勒的仪表盘主要有组织效能评估仪表盘、学习仪表盘等,试图使决策者犹如坐在驾驶室里,只需要通过观察各种仪表盘,就能实时掌握学校(包括"对标"学校)的动态,对学校发展状况做出准确的研判,并及时进行科学决策。

二、高校信息决策系统建设现状及对策

(一)现状

众多研究型大学的大数据分析尚处于起步阶段:多个职能部门拥有自己的数据系统,但彼此不连通,形成多个"数据孤岛",无法适应高校治理现代化对数据采集的要求;搭建大数据信息平台需要清理海量的历史数据和导入海量的有效数据。许多高校被这超大的工作量吓退,以致尽管了解信息决策支持系统的良好效用,也只能望洋兴叹。

大数据具有四大特点,即"4v":数量(volume)、种类(variety)、速度(velocity)和价值(value)。[①] 大学每天以惊人的速度产生大量数据,要从种类繁多的海量数据中挖掘有价值的数据,需要在数据仓库中科学地设置一系列指标。因此,大数据信息决策系统建设需要相关职能部门的深度参与,共同商议指标项,提出正确需求。

实际上,目前我国高校中的现代化教学工具尚处在摸索发展阶段,科技研发公司由于对高校具体业务不熟悉,在指标设置方面尚有待进一步优化。例如,"智慧教室"尚处在供教师教学阶段,对教师教学行为、学生学习行为的数据分析还有待信息管理部门、教务部门通力合作,进一步优化评价体系,科学设置评价指标。

(二)高校大数据仪表盘分析的优势

尽管搭建大数据信息决策平台前期投入犹如"无底洞",但一旦建成将为学校的各种决策分析提供极大的便利。其效用包括但不限于以下:① 连通教师、学生、职员多个服务模块。数据仓库向教师开放,搭建教学、科研辅助平台,教师能自助获取最新教学资料、科研信息,以提升教学水平和科研质量;数据仓库向学生开放,搭建个性化学习平台,拓展学生专业知识,提升翻转课堂、MOOC、微课的教学效果;数据仓库向相关职能部门开放,可实时获取教师的教学、科研信息,提升教学治理水平。② 数据仓库最终要实现数据可视化。通过数据可视化,呈现学校近期发展的各项实时运行状态数据,展现最真实的办学水平,通过数据模拟测算完成办学目标需要的各种投入,大大提升高校决策水平和发展速度。

---

① 罗军锋,锁志海. 大数据时代的高等教育信息化 [J]. 中国教育信息化,2014(01): 8-9.

（三）对策

实现数据可视化的前提是搭建大数据决策支持系统，这需要学校扎实推进才能取得实质性成果。大数据信息决策支持系统可以归属于"智慧校园"项目建设，需要高校信息技术部门与具有大数据平台建设经验的科技研发公司合作。

具体来说，建设大数据信息决策系统，需要进行以下工作。第一，以大数据分析促进教师发展、学生全面发展、职员自主发展为主线，对教务、科研、学工、人事、财务、资产、图书、一卡通等多个数据系统进行整合、优化、升级，构建可以联机分析的数据仓库（Data Warehouse, DW），搭建决策支持系统（Decision Support System, DSS）。第二，多部门合作，科学设置各种指标项，对数据仓库中的数据进行清理。第三，测试数据仓库中的有效数据，产生可视化分析仪表盘，形成可供决策参考的有效数据。将测试结果反馈给教师、学生、相关职能部门，验证分析结果。根据相关部门和师生反馈的结果，继续优化系统，并进行试运行，为教师改进教学、学生自主学习、职能部门科学决策提供参考。

三、高校大数据仪表盘的运用构想

尽管当下大数据仪表盘建设任重道远、困难重重，但是大数据将对生活的方方面面产生重要影响，是不可逆转的时代潮流。在此，我们对高校大数据仪表盘的运用进行了构想。

（一）助力学校科学制定和有力执行战略规划

有人曾戏称"规划即鬼话"，这主要是由于在我国大学中，规划往往缺乏有力数据的支撑，或者目标太大无法实现，或者目标太小轻松完成。只有真实的数据，才能撑起规划。

借助大数据信息决策平台，高校战略规划制定者可以通过规划仪表盘，在掌握学校办学资源和师资队伍、人才培养、科学研究等各方面实时数据的基础上，对未来的战略目标进行演化、推测，使规划更接近实际。规划制定后，还可以进行年中、年终盘点，及时观测预定的年度目标完成情况，做出战略和措施调整，提升规划执行力。

（二）构建大数据教学评价、分析仪表盘，提升教学质量

大数据时代，高校要提高教育质量，需构建一套科学的评价体系，以从制度

层面激发教师的"从教"之心、激发学生的"爱学"之心。

大数据在教育中的应用主要有两大领域：教育数据挖掘（Educational Data Mining，EDM）和学习分析技术（Learning Analytics，LA），即分别对学习行为和学习过程进行量化、分析和建模，利用已有的模型来认识、理解新的学习行为和过程。[①]

1. 构建大数据分析教学评价系统

教学治理是大学内部治理的核心和关键，涉及三个基本要素——教师、课程、学生。课程是沟通教师和学生的纽带，课堂教学质量影响着教育质量的提高。教育领域中的大数据主要包括师生基本信息数据、课业测试与作业数据、校园实录数据、课程资源数据、课外学习数据、学生身体健康数据、社会行为数据等。[②]

通过搭建大数据教务管理平台，对教师教学行为、学生学习行为的数据进行分析，并与学生学业成绩、教师评价、图书借阅等多个系统的数据进行融合，形成多个可视化数据仪表盘，为教学治理提供直观的决策依据。具体而言，可以在如下方面促进教学治理、教学评价工作的开展。

第一，更加快捷、准确地掌握学生对专业知识的学习情况，以便提前进行学业预警。在教育中，数据驱动决策是指收集、分析、报告数据以用于教育教学改进的过程。比如，美国普渡大学的"课程信号灯"（Course Signals）系统主要以成果算法为基础，对学生的课程表现、课程努力程度、前期学业历史、学习者特征等数据进行采集和计算，实现对课程的实时预测。预测结果以红、黄、绿三种颜色信号灯显示，分别预判学生学习几乎失败、可能失败、成功的概率，并向学生推荐导师和学习资源。教师可以根据不同的信号，为学生提供分类指导，以促使其在课程学习中取得成功。[③]

第二，更加准确、客观地评估、诊断课堂教学质量。在"双一流"建设背景下，学校对一级学科内的教师整体教学情况进行实时评估、督导。如果学生评教数据失真，则容易使个别老师通过"放水"、高分互换等方式走捷径，导致"劣币驱逐良币"，严格要求的老师反而收到个别学生的"差评"。通过课堂教学大数据的

---

① 何克抗. 大数据面面观 [J]. 电化教育研究，2014（10）：8-16.

② 李葆萍，周颖. 基于大数据的教学评价研究 [J]. 现代教育技术，2016（06）：5-12.

③ 李葆萍，周颖. 基于大数据的教学评价研究 [J]. 现代教育技术，2016（06）：5-12.

挖掘,学生评教、同行评教、专家评教将更加精确,以便使更多的良师涌现。^①同时,一些研究型大学正试点对申报教学型的四级教授的教学录像实行外审制,即由其他高校的同行专家评价其教学水平。

第三,通过图书借阅系统、MOOC课程学习系统,了解学生的学习兴趣和知识结构,既有助于教师开展个性化教学,又便于就业部门对学生进行更有针对性的就业指导。学生根据自身需求和职业规划,借助大数据技术,既可进行自主学习,又可找到相关领域的优秀教师信息。

第四,为教学评估、专业认证提供更直观的可视化教学基本状态分析。通过采集学生的学习行为、学习结果、教师授课效果等多种数据,对师生进行全方位的教学评价。

2. 构建学生学习信息仪表盘

学生学习信息仪表盘包括作业和测试的正确率、已经掌握的概念列表、学习表现、与班内同学乃至全国同类同级学生的比较情况等。以阅读课为例,大数据分析系统会自动收集学生学习过程的相关数据。学生完成每个任务后,电脑屏幕会弹出小测验检验学生学习状况,并即时反馈答案是否正确。对于做错的题目,推送学习资料和参考网站。^②

教师、教学管理者通过学习信息仪表盘及时了解学生学习状况,并在必要的时候有针对性地提供预警。大禹治水的诀窍在于疏而不是堵。当前有的高校对学业未达到相关要求的学生进行本科转专科或者劝退处理。其实,简单粗暴的"威严"处理未必是治理的良策,与其事后劝退学生,还不如事前进行学业预警,在学生学习有困难的时候及时给予帮助。随着高等教育适龄人口的减少,提供更优质、更人性化的教育教学服务,无疑将成为优质生源挑选学校的首选。

(三)打造大数据教师科研服务系统

1. 使教师少填表、多拥有一些"悠闲"时光

专任老师只有拥有更多的"悠闲"时光,才能激发其教学、科研的热情。如果专任老师整天忙于报不完的账、填不完的表,就会花费很多精力。比如,每年度

---

① 何孟杰. 基于"互联网 +"的高校课堂教学大数据探究 [J]. 现代教育管理,2016(10):103-107.
② 何克抗. 大数据面面观 [J]. 电化教育研究,2014(10):8-16.

的教学工作量、年度科研成果统计和职称评审,教师均需要填写大量的表格。因此,需要发挥大数据网络爬虫技术的作用,充分收集教师的教学、科研信息。例如,借助网络爬虫技术,对教师信息和工作成果自动统计并生成表格,教师只需进行认领和确认的话,将大大提升教师的工作效率,使其能有更多的时间用于教学和科研。

2. 使教师的研究更有效率、科研生产力更高

将来如果教师在大数据服务系统中登记了自己的研究领域、兴趣方向,会定期收到平台自动推送的相关领域的最新动态、高点击率的学术成果。教师借助知识生产过程图谱,可自发组成研究团队,开展联合研究。

(四)打造大数据优秀人才挖掘系统

在我国高校中,由于专业限制,人事部门的主要工作是发挥组织协调作用,而将物色人才的任务更多地寄希望于院系负责人。但是,因为缺乏相应的奖惩机制,院系负责人物色高水平人才主要靠其工作责任心推动,甚至有的院系负责人将人才引进工作外包给猎头公司,但本土猎头公司为高校服务的业务能力还有待提高,毕竟企业生产和高校知识生产的性质不同,优秀企业人员的素质要求和高校优秀人才的素质要求不同,前者的招聘模式不能简单复制为后者的工作套路。但是,随着信息技术的发展,高校优秀人才的特征可以被总结,优秀人才的成长轨迹可以被建模,其知识生产过程和产量在互联网上留有痕迹因而可以被统计,由此可以定位优秀人才,以便在合适的时机加以引进。

人力资源管理部门可通过大数据挖掘分析待引进人才、本校青年教师的潜力,从而进行比较精准的对比评价;可以从生活状况、社会关系、兴趣爱好、性格、团队合作意愿与能力等多个维度对应聘者进行立体分析;可以通过对比某岗位的优秀人才模型与应聘者的匹配程度来进行筛选[①],实现人岗精准匹配。

(五)打造大数据学科分析系统

在数据仓库中设立学科建设平台子模块,信息管理部门、学科建设办公室、一流学科建设相关学院共同论证并确定学科指标观测点和各项评价指标,就可

---

① 张丽娜,夏庆利. 高校人力资源管理的现实困境与对策——基于大数据思维下高校人事档案信息化建设的探讨 [J]. 学术论坛,2016(04):157-161.

以对学校的发展情况定时进行盘点。学科分析仪表盘可以将一流学科建设规划目标和建设现状进行对比分析,并准确呈现学科建设中取得的成绩和存在的"短板",有利于学校及时调整学科发展战略,提升一流学科建设成效。

此外,学校还可以通过图书借阅系统分析哪些学科书籍借阅量比较大,根据需要及时增补,提升图书使用效率。

(六)打造大数据家校合作系统

大学生的社交对象除了老师、同学、朋友外,联系最多的就是家人。研究型大学需要充分借助信息化手段,搭建大数据家校合作系统,为家庭开放通道,让学生家长通过信息通道及时反馈学生的不良情绪和动态,防止学生伤害事件发生。

四、大数据分析的网络伦理

大数据分析为高校治理科学化、民主化带来了便利,但网络系统安全、网络伦理也不容忽视。

(一)网络系统安全

当数据成为重要资源,保证网络系统安全就尤为重要。高校保障网络系统安全需具备以下能力。第一,有效防御病毒、黑客对学校网络的攻击。第二,定期维护、保障学校网络系统软件、设备正常运行。第三,为防止网络办公系统崩溃带来不便,信息管理部门需要及时做好存储备份。技术是把"双刃剑",使用不当也可能导致严重的后果,应加强防范。

高校网络系统安全保障主要依赖学校相关专业技术人员。加强校园网络系统安全,既需要加强专业技术人员队伍的思想政治建设,增强其服务意识,也需要保障他们定期接受相关技术培训和交流。

(二)大数据网络伦理

大数据时代,如何保护师生的隐私不受侵犯,是必须要考虑的问题,并要注意防范师生个人信息被恶意泄露。

网络伦理主要包括隐私泄露、信息安全。移动互联时代,研究型大学师生的网络行为每天均产生海量数据,如身份信息、位置信息、行为信息、社交信息。如果不注重大数据网络伦理问题,则会导致个人隐私泄露,等同于网络"裸奔"。

有学者提出建立网络伦理应确定四项基本原则,即无害原则、自主原则、知情同意原则、公正原则。[①]

第一,无害原则。避免给师生带来伤害,这是最低也是最重要的要求。信息化决策系统的定位必须是以人为本,为师生服务,而不是监控师生;师生的敏感信息必须被加密,不能随便调用,一经泄露必须追究相关人员的责任。即便对个别师生行为进行预警,也必须以不伤害师生为前提。学校决策更要以不侵犯师生隐私为前提。

第二,自主原则。在遵循无害原则的前提下,数据的收集者、维护者被赋予了数据的存储、删除、使用等权利,实行谁收集、维护,谁承担主体责任的原则。

第三,知情原则。过度自主必然导致过度收集师生信息行为的产生,所以,需要对自主原则进行限定,即数据的所有权归属于数据的产生者。学校大数据信息系统收集了师生哪些信息,师生有知情权。

第四,公正原则。学校大数据系统对数据的使用需要秉承开放、包容的胸怀,对个别师生不应透过"有色眼镜"和预设的立场去甄别,在数据采集的指标上需要做到透明、公开。

---

① 牟宗艳,吕本修. 构建网络伦理的基本原则 [J]. 齐鲁学刊,2003(02):81-84.

第三章

研究型大学内部治理制度现代化

当今社会经济发展最根本的生产要素不再是资本、自然资源和劳动力,而是知识要素。高校既是知识要素的生产地与扩散地,也是知识工作者的集聚地。[①]党的十八届三中全会提出要"推进国家治理体系和治理能力现代化"。推进内部治理体系和治理能力现代化应是研究型大学发展现代化的重要组成部分。

第一节 人力资源治理与人尽其才

伯顿·克拉克认为,现代高等教育已变成一个几乎是无限制的系统,成为学科和事业单位组成的矩阵。[②]研究型大学成为巨型组织后,其人力资源管理更比一般院校有难度。"天时""地利""人和"是发展事业的有利条件。"天时""地利"是外部条件,"人和"是内部条件。即便不具备外部条件,也可以通过完善内部条件积攒力量,蓄势待发,等待"东风"到来。在任何组织里,人始终是处于第一位的。人力资源管理水平直接影响着组织内部成员的工作质量与效率,从而影响整个组织的运行质量和发展速度。因此,研究型大学治理现代化除了应积极争取外部条件的大力支持外,也要积极营造和谐的内部环境,使组织内部始终保持旺盛的战斗力、创新力。

教育是国家开发人力资源的重要途径,建设人力资源强国是国家赋予大学

---

① 胡树林,李姝影,赵发兰. 基于知识管理的高校人力资源管理研究 [J]. 科技管理研究, 2012(05):170-173.

② 伯顿·克拉克. 高等教育新论多学科的研究 [M]. 王承绪,等,译. 杭州:浙江教育出版社, 2001:112-114.

培养高素质创新人才的重要使命。而研究型大学的人力资源管理现代化,即激活各群体的内生动力,实现人尽其才、人岗匹配,使处在大学场域的大学人各安其位、齐心工作,自觉为建设世界一流大学、一流学科努力贡献光和热。

一、研究型大学人力资源治理现代化

成就动机即对成就的欲求,又称求成动机。社会心理学往往将其解释为:行为者不断克服困难,力图实现既定的较高目标的心理状态。但是,行为者的社会心理环境即情境的作用很重要,假如行为者不喜欢甚至排斥、厌恶其所处的工作环境包括工作条件,则成就动机必然下降。相反,若经常赋予行为者以新的目标,并给予鼓励和报酬,则可以不断促使其产生成就动机。[①] 因此,通过制定并切实执行现代化的治理制度,营造健康和谐的大学内部治理氛围相当重要。大学人处在此工作环境当中,必然会激发内生动力,各司其职,推进学校各项事业快速健康发展:只要把自己能干的事情做好,就有相应的制度保障自己能够得到公正公平的待遇,每人都能活出自己的精气神儿。

(一)以人为本,以促进师生员工全面发展为中心

研究型大学的发展需以促进师生员工全面发展、过上美好生活为中心,并引导师生员工积极参与学校事务的治理,促进决策过程的科学化、民主化。以人为本强调学校内部治理制度设计的重点——以促进师生全面发展为中心,但不仅限于师生。研究型大学内部治理制度现代化是更全面的以人为本,是以促进学校全体师生员工发展为中心构建治理制度,旨在优化学校各群体发展的内部动力引导机制。具体而言,学校内的群体需要进一步细化:① 教师群体,分为助教、讲师(含"高龄"讲师)、副教授、教授(含学科带头人)等子群体;② 行政人员群体,分为基层行政人员、中层行政干部(含"双肩挑"教授干部)、校级行政领导;③ 非教师专业技术群体;④学生群体。此外,校友群体也应一并纳入考虑。

研究型大学内部治理制度现代化在于通过制度引导,激活全体师生员工的进取心和创新力,使各群体及其子群体在学校战略规划勾勒的共同发展愿景的指引下,以大格局观和大视野,充分发挥内生动力,为实现学校跨越式发展贡献全部力量;使全体师生员工进一步丰富、提升自己,增强职业发展的获得感、幸福

---

① 沙莲香. 社会心理学 [M]. 北京:中国人民大学出版社,1987:231-233.

感,体现出"只要努力就能过上美好生活"的愿望。

(二)分类支持,促进师生员工多样化发展

作为社会化个体,不同师生员工的能力和追求往往呈现出差异性和多样性特征。例如,有的大学教师喜欢当人生导师,有的大学教师喜欢当快乐的"教书匠";有的大学教师喜欢与文字打交道,有的大学教师喜欢与人打交道。研究型大学作为巨型组织,师生员工人数众多,万人巨型大学已不罕见。在这些高校中,每个人获得的信息和自身的志趣、兴趣、偏好可能不同,导致努力的方向和努力的程度也不尽相同。有人更看重事业成功,有人力图事业和家庭相对平衡;不合群者追求个人事业"登顶",合群者乐于"抱团"发展。现代化的治理制度就在于使每个个体能够自由、全面地发展,即为教师群体、行政人员群体、学生群体、非教师专业技术群体及其内部子群体全体成员的多样性、分类发展提供制度保障。

研究型大学治理现代化的任务之一即为师生员工提供奋斗的制度保障,让师生员工感觉有盼头,值得为学校的发展奋斗。

因此,研究型大学内部治理制度设计既要充分考虑各群体职业发展的需要,又要兼顾各群体内部不同子群体的特殊需求。公正公平是任何制度设计都需要坚持的原则,在此前提下需要根据不同群体及其子群体的特殊需求,完善人力资源治理制度,通过分类支持促进全体师生员工多样化发展。只要将每位师生员工的"星星之火"汇聚在一起,定能成就"燎原之势",推动学校跨越式发展。

(三)赋权增能,激活自组织内驱动力

教师赋权增能,即教师在政治上享有决策权,在社会上提升地位与影响力,在心理上增强自我效能感。[①]

赋能理论强调研究型大学治理需要从人性角度出发,将大学内部各群体及其子群体成员的个人权利、自由和需求作为治理过程中关注的重要元素。为此,需要学校领导及职能部门负责人树立赋能的主动意识,在制度设计方面保障全体师生员工自我成长的机会。治理者需要注重以下方面:倾听教师的声音,急其所急,解决其合理要求;支持教师的个人发展,为其职业规划提供指导和帮助,鼓

---

① 曾文婕,黄甫全. 美国教师"赋权增能"的动因、含义、策略及启示 [J]. 课程·教材·教法,
2006(12):75—79.

励教师参与决策；为学生群体提供多种评价机制，促使学生结合人生规划自主发展。

但在授权、放权的时候需要考虑被授权者是否具备运用相应权利的能力。目前，我国的一些研究型大学的现代化治理体系已经构建，相关议事机制也引入了相关利益群体的代表，但是，如何避免参会代表只是"举举手""鼓鼓掌"，还需要学校提供相应的引导和培训。

研究型大学治理现代化的实质是通过构建现代化的治理体系和提升相关治理主体的现代化治理能力，使研究型大学的组织员工将自身发展与学校发展融合连通起来，形成发展共同体，促使学校良好、高效地运行，为国家建设源源不断地提供高素质的建设者和合格接班人，为构建人类命运共同体贡献中国智慧、中国方案，提供"世界和平的建设者、全球发展的贡献者、国际秩序的维护者"。因此，必须破除"一言堂"，并通过职员制引导、消除"官本位"思想。学校领导及职能部门负责人应充分发挥公仆精神，贯彻为人民服务的思想——组织基于信任赋予治理学校的任务，更多的是赋予责任，而不是权利；被组织挑选，是赋予服务学校师生员工的机会，在服务的过程应充分展示自己的卓越才能，实现自我；赋能下属，激活下属员工的创新能力，共同推进学校事业的发展。

（四）弹性激励，建立有竞争力的群体薪酬体系

研究型大学应努力实现人岗匹配，使每个群体的职业发展渠道畅通，实现教职员工"只要自身努力就能增强获得感、幸福感""不求人"的朴素愿望。

为了破除各群体的职业倦怠，有必要建立弹性奖励机制和有竞争力的薪酬体系。各群体起薪横向比较，应该大体相当，即实施"异岗同酬"，这是引导组织内部员工分类发展的前提，以避免造成"千人挤占独木桥"的现象。以职称晋升中的教授评定为例，可设立教学型、教学研究型、研究教学型、理论研究型、实务研究型（智库组织科研人员）等多种类型的岗位[①]，使教师有多个奋斗方向。"异岗同酬"可以促使个体根据自身情况（能力、兴趣、家庭），选择适合自己的发展道路。

激励制度不可少，正是改革开放"让一部分人先富起来"的正向激励，激活

---

① 郭华桥. 研究型大学智库建设模式与困境突围——基于"学者"使命的视角 [J]. 中国高教研究，2014（05）：50-57.

了人民群众的创造力,释放出巨大的生产力。正是通过改革开放和科教兴国,中国经济获得了快速发展,将西方国家一两百年的发展历程压缩在三四十年完成。"平均主义"不是共产主义,因此需要建立有竞争力的群体薪酬体系。

根据职责分工不同,各群体内部纵向比较,职级越高薪酬越高,相应子群体内部职级越高薪酬越高。例如,研究型四级教授与教学型四级教授起薪大体相当,研究型教授可以继续朝晋升二级教授的目标奋斗,以获得更多激励,教学型教授则可以通过承担更多的授课任务并精于课堂授课,以获得更多激励。

(五)"能上能下",建立员工转型、隐性淘汰渠道

当考察中层干部主要强调践行公仆精神时,职能部门负责人及院系领导岗位可能不会使大学人趋之若鹜。担任这些行政职务要负起沉甸甸的责任,必然要牺牲一部分做学问的时间。这将是研究型大学步入治理现代化阶段后呈现的常态。当前已有院领导、职能部门负责人甚至校领导辞去行政职务,重新将更多精力投入学术研究的道路上,这恰恰彰显了研究型大学治理现代化的理性精神,毕竟学术研究更多的是个人或团队的事情,不能被太多的行政事务干扰。因此,岗位"能上能下"应该成为研究型大学治理的常态。

同时,对于一些考核不合格的中层干部进行隐性淘汰,使其"体面"地转到其他合适的岗位发展。"双一流"建设背景下高校的竞争将会更加激烈,需要精兵强将,对考核不合格的人员,只要使其隐性或自然转岗,就可减少改革的阻力,加速淬炼能打硬仗、能打攻坚战的高效队伍。

二、研究型大学内部主要群体的现代化建设

(一)"高龄"讲师群体 [1]

一流的大学需要一流的师资,需要品德高尚、学术造诣高且具有国际视野和数据素养的人才。但是教师队伍当中的"高龄"讲师群体不容忽视,他们和刚入职的青年教师一同承担着大量的教学任务。

---

[1] 本文所指的"高龄"讲师是一个相对宽泛的概念,包括:讲师聘任年限已超过 8 年,未获得晋升的教师;年龄超过 45 岁,职称仍旧为讲师的教师;按照具备博士学位两年即有晋升副高资格的参考年限,5 年后仍旧为讲师的教师。

这里简要概述针对该群体的现代化治理对策。[①] ① 实施精细化分类管理。上一聘期结束后若达到相关条件，教师可以自主选择转换到其他类型的岗位。② 建立两支互为补充的教学队伍——讲授自己学术研究成果的研究型教学队伍和传播高水平学术成果的教学型教学队伍，高等教育教学队伍需要这两支教学队伍互为补充。

目前，"高龄"讲师治理现代化也有了一些实践探索。如一些高校尝试推行双轨评价机制。复旦大学从 2010 年起试行"代表作"学术评价制度，2011 年扩大到文科领域，2012 年在全校推行，潜心做学问的教师凭一部质量过硬的著作也能评为教授。复旦大学推行"代表作"学术评价制度，并没有抛弃原有的"数论文"式的评价方式，只是把"代表作"学术评价制度作为一种辅助评价手段，实行双轨评价。[②]

笔者建议，研究型大学可以尝试"缺标评审"，并用实践来检验和完善其可行性。教师职称晋升问题一直是高校里最让教师焦虑的问题。受指标数量的限制，教师即便达到了相应的条件还必须超越其他人，才有可能获得晋升。"缺标评审"的做法是：当年符合晋升条件的教师都可给予"名份"，但需客观公正地排序，然后根据空缺指标逐年兑现待遇。如果学院有财务能力，可以先实行"院聘副教授、教授"制度。"缺标评审"的优点有：① 防止次年晋升条件改变，对先前的落选者不利。② 为了在职称晋升中处于有利位置，一些教师未评上教授前"拼命"进行科研，甚至不惜牺牲身体，但是盛极而衰，耗尽全部的科研热情后，真的评上了就很少再进行科研了。"缺标评审"可以减轻教师的科研压力，使其能有更多的科研热情。③ 对于学术不端者应该实施"零容忍"，防止恶性竞争破坏院系学术生态。"缺标评审"使更多的教师看到了希望，也可在一定程度上减少恶性学术竞争。

目前，"缺标评审"未能推广的原因，主要在于教师对评委能否客观公正、摆脱人情关系的束缚持怀疑态度。这种不信任感可以通过完善"缺标评审"的实施细节来克服。

---

① 郭华桥. 大学"高龄"讲师的职业困境与评价制度构建——新制度主义社会学的分析 [J]. 新课程研究（中旬刊），2016（08）：10-13，67.
② 董少校. 2012. 复旦推行职务聘任代表作制 [N]. 中国教育报，2012-03-28（001）.

（二）高校基层行政人员

高校基层行政人员是大学组织得以正常健康有序运行的重要力量，他们承担着组织内部大量烦琐的日常工作。我国高校内的基层行政人员主要包括辅导员、七级职员或科级行政管理人员、教辅人员[①]，他们分别承担着大学组织内部的学生思想政治工作、行政管理工作、教学科研辅助工作。曾有人开玩笑说，大学职能部门负责人外出学习一个月行政部门能正常运行，若 1/3 的基层行政人员尤其是七级职员或科级干部外出学习一个月恐怕会导致很多部门瘫痪。可见，高校基层队伍是否稳定在一定程度上制约着大学治理体系和治理能力的现代化。

1. 高校基层行政人员不稳定的表现

高校基层行政人员的职务级别一般为科级或七级职员。《高校青年教师发展阶段论》[②]指出，高校基层人员的职业经历亦包含适应生存期、能力建构期、稳定成长期三个阶段，并且通常是在工作后的 5 年内完成。依据高校现行晋升年限要求，年满 2 年可晋升为副科长，年满 5 年可晋升为正科长，年满 8 年可晋升为副处长。基层行政人员的职业倦怠感通常在 9～10 年萌芽，如果组织没有及时干预，就会令基层行政人员逐渐丧失或降低组织认同感，职业倦怠感逐渐加强，从而影响工作效率和工作质量。

2007 年，教育部颁发《普通高等学校辅导员队伍建设规定》明确指出，专职辅导员可按助教、讲师、副教授、教授要求评聘思想政治教育学科或其他相关学科的专业技术职务。[③]该文件正式确定了辅导员的"双岗身份"，即在职务上享有从科级向副处、正处级流动的机会，在职称上享有评聘讲师、副教授、教授的机会。尽管辅导员队伍建设引起了国家的高度重视并得到了政策上的特别扶持，但一些高校的辅导员仍在"隐性流失"，主要表现为一些辅导员调到行政管理岗位或攻读博士学位后转到教学岗位。辅导员队伍尚且不稳定，那么高校基层队伍中的其他人员的职业成长环境更令人担忧，亟须改善。

2. 高校基层行政人员不稳定的危害

博特提出的"结构洞理论"强调社会网络是一种社会资本，如果成功运用社

---

① 本书中的教辅人员指教学秘书、科研秘书、学科秘书及实验室管理人员等。

② 王璇，李志峰，郭才. 高校青年教师发展阶段论 [J]. 高等教育评论，2013（01）：110-122.

③ 普通高等学校辅导员队伍建设规定 [J]. 中华人民共和国国务院公报，2007（22）：8-10.

会网络,将迎来更多的机遇,生活质量也会大大改善。[①] 部分辅导员认为,在学院工作所构建的社会网络弱于主要职能部门网络,因此他们通常会抓住进入职能部门的机会。但需强调两点:第一,专职辅导员转为行政人员后,仍属于高校基层队伍中的一员,部分人最终仍会进入职业疲倦期。第二,是否有利于个人的职业化、专业化发展值得商榷。目前一些高校将招录专职辅导员和党政管理人员分开,并要求专职辅导员从事四年以上思想政治工作后方能转岗。这是为了保持辅导员队伍的稳定性,防止少数人以辅导员身份作为进入学校的跳板。

　　赫希曼认为,不论组织制度设计多么完善,都面临着绩效衰减和组织衰退的危险,这种衰退可能是持久的,也可能是间歇的,但否极泰来因应之道也会在衰退中不断地产生。他提出了两种修复机制:退出和呼吁。他还强调:退出应当与呼吁相结合;退出由市场力量来引导,通常属于经济学范畴;呼吁是民主的具体体现,通常属于政治学范畴;应当设计一种制度,以提高人们呼吁的意愿和效率,降低退出的成本。[②] 就人力资源治理而言,退出意味着离开原有部门,其虽向组织管理层发出了组织正出现问题的信号,但退出的代价可能很大。第一,员工的退出会导致专有技术、专业性训练的浪费;第二,退出的程度十分关键,程度太大如集体性的或大部分成员退出会使组织濒临倒闭,程度太小则不能引起组织管理层重视,无法启动修复机制。有同志认为,在学校教师缺编的情况下,少数辅导员转到教师岗位,可能比直接引进教师所需成本更低,并可通过重新招聘辅导员来补充辅导员队伍。此种观点,恰好反映出目前基层人员的“退出”因数量较小未能引起组织管理者的足够重视。同时,“双一流”建设背景下,高校对新进教师应该有更高的学术生产力期望。一些学校已提出辅导员等转教学岗位需要与当年其他应聘者一起公平竞争。

3. 高校基层行政人员现代化治理策略

　　高校管理者若不重视基层人员队伍建设问题,就会影响基层人员未来的职业化、专业化发展。切斯特·巴纳德认为,一个组织的生命力在于组织内的个体为系统做贡献的自发性。可见,大学若想保持长久的生命力、实现跨越式发展,

---

① 周雪光. 组织社会学十讲 [M]. 北京:社会科学文献出版社, 2003:123.

② 〔美〕阿尔伯特·O. 赫希曼. 退出、呼吁与忠诚对企业、组织和国家衰退的回应 [M]. 卢昌崇,译. 北京:经济科学出版社, 2001:译者序 4-6.

必须尽可能地使组织内部成员保持旺盛的工作热情并积极地行动。而组织是什么呢？管理学大师詹姆斯·马奇和诺贝尔经济学奖获得者赫伯特·西蒙将组织定义为"组织是偏好、信息、利益或知识相异的个体或群体相互之间协调行动的系统"[①]。因此，要具体分析基层干部不同子群体的偏好、信息、利益、知识，从而制定相应的激励机制，以激发他们为集体做贡献的自发性。

中国古代哲学家荀子曾提出"养人之欲"。他强调，"欲"是人与生俱有的，既不能否认"欲"的存在，也不能采取压制的手段，而应该合理满足人的"欲"。他希望通过层级差异的制度安排，把满足"欲"的观念理性化、合法化。[②]美国心理学家马斯洛在《人类激励理论》中将人类需求按从低到高划分为五个层次，分别是生理需求、安全需求、社交需求、尊重需求和自我实现需求。荀子和马斯洛生活的年代相隔2000多年，但两人提出的观点却有相似之处。

管理人员需要俯下身倾听身边每位基层行政人员的心声，与之产生"共情"——感知他们的情感和幸福，分析他们的偏好和能力，并帮助每位基层行政人员找到适合自己的职业定位，为其职级晋升提供合理的帮助。而目前高校组织内部的垂直流动越多，个体对组织的认同越强烈。具体而言，高校二级单位负责人帮助基层行政人员实现个人目标越多，后者对组织的认同就会越强烈；基层行政人员参与政策决策越多，对组织的认同倾向就会越强烈；二级单位负责人越是强调以人为本，基层人员对组织的认同倾向就会越强烈。[③]

（三）学科带头人

世界一流大学需要世界一流学科作为支撑，而世界一流学科建设离不开学术领军人物、学科带头人的引领。"双一流"建设背景下，一级学科组织将会由知识生产的研究组织转变为学科实体管理组织，在凝练学科方向、设置专业课程、整合研究领域、建设研究团队等方面将发挥越来越重要的决策作用，这就更加强调内部治理的科学性和民主性。世界一流学科建设是一项系统工程，既需要有足够的经费投入做保障，也需要学科带头人发挥旗手的引领作用，在学科资源整

① 〔美〕詹姆斯·马奇，赫伯特·西蒙. 组织 [M]. 邵冲，译. 北京：机械工业出版社，2013：再版前言 XXIV.

② 陈中浙. 论荀子的"养人之欲"观 [J]. 哲学研究，2008（10）：63-67.

③ 〔美〕詹姆斯·马奇，赫伯特·西蒙. 组织 [M]. 邵冲，译. 北京：机械工业出版社，2013：64.

合时扮演协调者的角色。

1. 学科带头人与院领导的关系

有学者总结了学科带头人与院长的关系存在着四种类型：一体型、指导型、分工合作型、不协调型。[①]

一体型。学科带头人由学院院长兼任，在学院内部掌握着学院学科规划、资源分配的主动权和话语权。其在担任院长职务之前，或许就已经是学科带头人。

指导型。学科带头人先前担任过院长，甚至担任过学校领导，因年龄原因退居二线，掌握着学科规划、资源分配的重要话语权。有时现任院长即为其所提拔或者本身是其学生。另外，长期研究某一学科领域并在国内外享有盛誉，甚至被称为"业内泰斗"的学术领军人物有时会以学院学术委员会主任角色出现，对学院学科发展和资源分配也有一定的话语权。

分工合作型。此类型院长的情商较高，不独断专行，能够虚心听取学科带头人的建议，否则学科带头人能发挥的作用有限甚至会成为摆设。

不协调型。学科带头人与院系领导因研究领域不同、学科归属不同，加上本位主义思想作祟，在学科规划、资源分配、队伍建设等问题上往往意见相左，甚至相互拆台，造成不必要的内耗，影响学院事业发展。

有学者认为，一流学科带头人应当定位为领袖型学者，承担起提出学科愿景、战略布局、资源整合、队伍建设等职责，具备学术研究、战略规划、内外部关系建立、组织管理和资源整合、团队建设和领导艺术、良好个人素养和声誉六方面的能力。[②]目前，我国高校内的大多数学院学科带头人距离领袖型学者尚有距离，需要在学术上深耕复垦，即便已经小有成就也应将精力放在组建研究团队上。

当前，我国高校内部的学科带头人制度建设并不完善，存在管理思维惯性。领袖型学者一旦出现必然是其所在学科的大幸，但因学校管理思维的惯性使然，通常其很快被赋予学院领导副职，时机成熟时转而成为学院院长或职能部门负责人。这些优秀的学者一般会给学院甚至学校治理带来新气象，但需要防止被"捧杀"。

---

① 刘仁义，王怡然. 高校中学科带头人与行政负责人关系研究 [J]. 前沿，2011（04）：198－200.

② 方阳春，贾丹，陈超颖. 世界一流学科带头人的科学遴选和培养机制研究 [J]. 中国高教研究，2016（05）：21－24.

虽然由学科带头人兼任学院院长的一体型模式可避免内耗,但毕竟每个人的精力有限,繁重的行政事务必然使其很难潜心研究学问。特别是当研究型大学成为多元巨型大学时,它已经不是一个社群,而是若干个社群的组合。[①]单从学科的角度讲,同一个学院可能有几个一级学科的二级学科,尤其是有的一级学科同时分散在六七个学院内,在以一级学科为建设单位的大背景下,资源整合相当困难。此时,更亟须出现领袖型的学科带头人,成立由学术领军人物、院长和学科带头人共同参加的一级学科建设执行委员会。

从长远来看,对于大多数研究型大学而言,学科带头人与院长分工合作将是常态,更利于学科发展。研究型大学的学院规模通常较大且系所较多,有大量的日常行政事务需要处理。若学科带头人深陷行政事务当中,则很难发挥其在学科发展中应有的作用。学科带头人重在对学科规划、资源分配、人才引进起宏观指导作用,不应陷入日常的管理事务当中。院长须与学科带头人保持畅通的沟通渠道,分工合作,相互配合,共商共议。

同时,随着研究型大学国际化程度的提高,"双院长制"将更加被推崇——全球聘任学科带头人担任名誉院长,学院日常行政事务由本土常务院长负责。如何充分发挥名誉院长的作用、满足组织对其的期望,也需要相应的制度进行明确,从而使学科带头人与常务院长分工合作、相互配合,共同推进学院事业发展。因此,研究型大学治理现代化需要尽快完善学科带头人的遴选和培育工作,并完善相关制度建设,赋予学科带头人相应的权利与义务。

2. 学科带头人的遴选与培育

对学科带头人的遴选和培育,要突出现有学院领导班子的大担当、大胸怀。"双一流"建设高校抓住了国家建设高等教育强国的又一重大发展机遇,既获得了一种新的文化资本身份,又能获得更多的物质资源。

学科带头人是提升一流学科核心竞争力的关键所在,学院在学科带头人引进遴选和培育方面必须大胆作为!所谓大胆作为,即学院领导班子成员和系主任、普通教师都要积极推荐优秀人才,通过建立人才信息储备库,长期关注人才动向,不能认为人才引进仅是学校人事部门的业务。同时,人事部门也应该提高业务能力和工作水平。但对某学科优秀人才的甄别而言,院长、系主任、教师更

---

① 〔美〕克拉克·克尔. 大学的功用 [M]. 陈学飞,等,译. 南昌:江西教育出版社,1993:12.

有发言权。

因此,研究型大学要实现"弯道超车",学院领导班子必须达成共识,摆脱所在二级学科的桎梏,以一级学科建设为发展方向,充分发挥赋能的作用,使学科带头人发挥应有的积极作用,促使一级学科带头人走到学科组织的舞台中心。学院要使学科带头人真正地成为学科建设引领的主角,充分展现其才华,并使其在一流(一级)学科建设指导委员会、执行委员会当中积极出谋划策,发挥主导作用。

(四)"双肩挑"干部

大学里的"双肩挑"干部主要指同时在教学、科研专业技术岗位和管理岗位任职的人员,包括部分学校领导与学院、职能部门负责人。这里重点讨论学院领导及职能部门负责人。

1. "双肩挑"干部的角色冲突

不同的社会角色应该有不同的行为规范,当不同行为规范产生矛盾或冲突时即出现角色冲突。根据负面影响程度高低,角色冲突依次分为角色外冲突、角色间冲突、角色内冲突。具体而言,角色外冲突指不同的角色扮演者,即多个行为主体在社会互动过程中产生的行为冲突;角色间冲突指同一行为主体在同一社会情境中需要扮演多种角色,不同社会角色的行为规范要求不同,甚至相互冲突——角色主体既当"裁判"又当"运动员";角色内冲突指同一行为主体面对不同的社会个体,需要及时调整、转换为不同的社会角色。[1]

依据社会角色理论,"双肩挑"干部参与学校治理过程中亦会出现角色冲突。

第一,角色外冲突。"双肩挑"干部过多挤占专职行政管理人员的晋升空间,二者形成角色冲突,影响后者工作积极性。如果监督制度不齐全,"双肩挑"干部在职称晋升、学术资源分配等方面,将获得更多的便利和资源,影响学术公平,以致其与专职教师、科研人员发生角色冲突。同时,"双肩挑"干部的学术关系仍在学院,归属于某一级学科的二级学科,在资源分配过程中如何客观公正地对待其所归属的一级学科、二级学科,需克服"本位主义",这亦考验"双肩挑"干部的素养。

第二,角色间冲突。每个人的精力都是有限的,"双肩挑"人员希望能够兼顾

---

① 胡雨田. 高校"双肩挑"管理干部角色定位研究 [D]. 荆州:长江大学,2015:9.

行政工作和教学学术工作，"鱼和熊掌"兼得，要做到这点，唯有更多地牺牲个人休闲时间，这与人的现代化、大学治理现代化的初衷相悖。

第三，角色内冲突。角色内冲突更多地考验社会个体的角色调节能力。同一名男子在父母面前需要履行孝子的责任，在孩子面前需要承担为人父的责任，在妻子面前需要承担为人夫的责任。同理，"双肩挑"干部也承担着多种角色。例如，作为职能部门领导，需要对学校党政一把手、分管校领导负责，并对下属承担着管理和帮助的角色；作为教师，对学生担负着"传道、授业、解惑"的责任。

2. "双肩挑"干部的遴选与治理

研究型大学治理现代化需要做到通过制度选拔优秀的"双肩挑"干部，并通过制度监督减少其因角色外冲突所带来的不和谐影响。

（1）严格控制"双肩挑"干部的职位数。

为了减少"双肩挑"干部的角色外冲突，避免不必要的治理混乱和不慎"捧杀"优秀学术人才，需要严格控制"双肩挑"干部的职位数。

除了设置部分学院领导"双肩挑"岗位外，仅在学科、规划、教学（教务部、研究生院）、科研等与教学、科研密切相关及事关学校宏观发展布局的部门设置"双肩挑"岗位。尽管当前高校管理队伍的职业化、专业化程度还有待提高，安排专业技术人员承担管理工作有利于学科专业发展，但凡事均有度。

过多设置"双肩挑"岗位在一定程度上等于否定管理岗位自身所要求的职业化和专业化，更突出强调了"学而优则仕"的观念。同时，容易形成负面的治理文化——只要学问做得好就能有一官半职，将有的专业技术人员引上"官本位"的歧路，使其不再安于教学科研；过多设置"双肩挑"岗位会导致出现一些变相的"腐败"，即一部分人会通过追求行政权力来获取职称、成果评奖等，在专业技术方面"搭便车"，或利用行政权力巩固、突出自己所属学科、专业的地位。[①]

（2）"双肩挑"干部的显著特征。

"双肩挑"更多的是管理岗位，要求该岗位人员一定要有高超的组织协调能力、非凡的语言表达能力。"双肩挑"干部处理复杂的问题要能够迅速找准着眼点，尽快协调、平和各方情绪，然后聚拢人心、强化学校凝聚力，促使学校朝着既定方向发展。

---

① 胡亚莉."双肩挑"问题依然突出[N].组织人事报，2014-11-11（009）.

第一，具有较高的知识和能力水平，适应快节奏的生活。"一个人的能力，既包括知能和心理能量，又包括用以生物性能量消耗的体力。"① "双肩挑"干部需要时常在学术和行政之间切换角色，而这对有些人来说是一种折磨。研究型大学要从多个方面科学考察和遴选"双肩挑"干部。"双肩挑"干部需要拥有比较高的知识、能力水平，身体素质好，能适应突发加班、熬夜的生活。

第二，具有较高的情商，能倾听各方诉求并迅速平衡各方利益。具有较高情商者常常具备较强的表达能力，使焦虑者能够稳定情绪，共同寻求解决问题的方法。治理与管理最大的区别在于：治理需要平衡各方利益，最大限度满足相关利益主体的诉求，促使发展共同体继续朝着比较明确的目标奋进，共同推动学校事业发展；管理是控制、命令式的，多数利益主体处于被动状态，无法充分发挥主动性、开拓性、创新性。研究型大学作为巨型组织，涉及方方面面的工作，以学科建设为例，涉及很多重要事项：怎样整合分散在多个学院的同一一级学科的不同分支，既使震荡最小又能起到实质性效果，保证资源整合最充分、学科评估效益最大化？怎样确立优势学科、次优势学科、弱势学科的分步发展战略规划？如何促进弱势学科与主干学科融合、交叉，产生新的学科增长点？重大学科建设平台分配资源时，不同子业务会涉及不同的分管校领导。"爹爹婆婆太多"时，如何使分配方案最大程度获得各方认可，就需要较高的情商和较强的语言表达能力来应对这种情况，使工作方案尽快"落地"。

任何个体的精力和能力都是有限的，但个体之间又有差异。有的教授可能适合做"双肩挑"干部，但有的教授不适合做"双肩挑"干部。但是，一旦被组织选定就意味着需要暂时牺牲学术方面的成就即"小我"，投入更多的精力去成就学校发展事业即"大我"。

张维迎认为大学校长必须职业化，并强调：大学校长"双肩挑"不合"主流趋势"，优秀学者与校长有本质的区别，前者重在科研，而后者更加考量治校水平。② 这一点似乎得到了多位校长的认可。访谈中，有的学者强调任校长后，更多担任"政治家"角色，思考更多的还是如何促进学校发展。2011 年赵跃宇担任湖南大学校长后公开表态任期内坚持"两不"原则——不报课题、不带研究生。③

---

① 沙莲香. 社会心理学 [M]. 北京：中国人民大学出版社，1987：233.
② 张维迎. 大学的逻辑 [M]. 北京：北京大学出版社，2012：83.
③ 李伦娥. 校长任内不报课题不带研究生 [N]. 中国教育报，2011-11-29（002）.

（3）明确"双肩挑"岗位的权责义务与考核制度。

为了解决"双肩挑"干部的角色间冲突，研究型大学需要完善"双肩挑"岗位的权责义务与考核制度。例如，教学科研年度内工作量的达标要求应该低于专职教学科研人员，但是在职称晋升、分级聘任时评价标准又必须一致，方能在制度上保证其他专职学术人员能理性对待"双肩挑"岗位，不会争先恐后对"双肩挑"岗位趋之若鹜。

（4）加强"双肩挑"干部的角色监督。

研究型大学需要完善对"双肩挑"干部的监督机制，通过完善的制度引导"双肩挑"干部养成"不敢腐、不想腐"的思想，从而减少其与专职教师和科研人员之间的角色冲突，克服本位主义倾向。

（5）建立"双肩挑"干部的退出机制。

部分"双肩挑"干部或因年龄增大，或想腾出更多精力重新从事学术研究，或处理不好角色冲突，会主动提出不再担任"双肩挑"职务。学校应该有备选方案，允许一些存在困难的"双肩挑"干部退出这一岗位。

当高校发现"双肩挑"干部并不能完成组织交给的任务、没有实现组织的目标时，应该及时与其进行谈话，使其体面退出。若高校和"双肩挑"干部达成继续参与学校治理的共识，但却不能平衡学术和管理工作时，则应该为其配备学术助理或增加行政副手编制。

特别指出，如果"双肩挑"干部敢于担当、敢于直言，则是大学之幸、学生之福。尤其是具有海外学习经历的青年学者一旦走上学院和职能部门领导岗位，他们的全球视野和治理策略也许会给大学带来新气象。

（五）学校领导集体

当人们对蔡元培先生、梅贻琦先生表示敬仰的时候，更多的是对其治校理念的推崇——兼容并蓄、强化大师引领作用。如果可以穿越时空，两位先生面对高等教育已经大众化、普及化，世界一流研究型大学纷纷崛起的局面，如何使北京大学、清华大学在世界高等教育竞争中拥有持久不竭的核心竞争力？两位校长如何克服个人决策的有限理性？面对这些问题，两位校长未必不会犯愁。因此，对于研究型大学而言，充分发挥学校领导集体的智慧显得尤为重要。

于是，学校领导集体是否团结就成了不可回避的问题。领导集体团结是大学之幸，反之则阻碍学校发展。只有学校领导拧成一股绳、劲儿往一块儿使，才能引导和保障职能部门为了学校共同的发展愿景,协同创新,互补互助。相反,领导集体不团结则容易导致相关职能部门投鼠忌器,即便是正当合理的协同合作,亦可能因顾忌太多而有所保留。

因此,中国研究型大学治理现代化语境下,学校领导集体必须基于中国国情践行党委领导下的校长负责制,既强调作为学校法人代表的校长的大学治理能力和人格魅力,也强调党委领导下的校领导班子的集体决策水平。校领导间的配合主要依靠学校党委书记、校长的个人魅力和有关制度。

1. 大学党委书记、校长的分工合作、相互配合尤为重要

大学校长在党委领导下对大学负责,又是党委的重要成员,是党委和行政系统的纽带。[1]大学党委书记、校长的办学理念与战略决策对大学的发展起着关键作用。实践证明,唯有学校党委书记、校长事先达成一致意见,职能部门实施起来才顺畅。尽管大学校长被赋予学校法人、形象代言人的角色,是行政部门的带头人、各种利益的整合者,也是大学精神和公共责任的体现者[2],但是学校重大决策必须事先和党委书记协商,取得学校党委书记的积极支持,方能事半功倍。这既是治理策略,也是领导艺术。

2. 大学党委书记、校长必须聚合高校副职领导的力量

大学治理不是党委书记、校长的"二人转"。研究型大学成为多元、巨型组织后要适应世界高等教育发展趋势和复杂的经济、社会、政治环境,需要打造团结和谐、相互信任的领导集体,使高校副职领导充分发挥各自的力量并带领各自分管的部门在改革创新、管理增效、社会贡献等方面为高校发展做出突出贡献。同时,当高校遇到重大发展战略和机遇时,高校领导集体应该劲儿往一块儿使,所有行动均旨在促进高校快速和可持续性发展。倘若高校副职领导产生分歧,则党委书记、校长必须及时调解、疏通,保证高校领导集体的团结。

3. 高校领导集体必须不断提升现代化治校水平

高校领导集体的治校能力直接关乎高校的现代化治理水平。提升高校领导集体的现代化治理水平可从以下四个方面着手。

---

① 邵悦,李艳辉. 论我国大学校长治校能力现代化 [J]. 继续教育研究,2015(07):11–13.
② 宣勇,钟伟军. 论我国大学治理能力现代化进程中的校长管理专业化 [J]. 高等教育研究,2014(08):30–36.

第一，博古通今，创新治校理念。在我国，很少有普通学者能直接晋升为高校领导，他们通常都是在学院、职能部门锤炼过，从基层一步一步走上领导岗位的。一旦从学院或职能部门负责人晋升为高校领导，就必须及时"充电""补课"，以提升治校能力。新时代背景下，在高校中所处的职位越高，责任越重。高校党委书记、校长对高校发展起引领作用，他们的水平和开拓创新精神直接关乎高校事业发展的高度、长度和宽度[①]，因此必须博古通今，汲取中华民族发展中优秀的治理经验。如"水能载舟亦能覆舟""义以和分"，即强调必须坚守人本主义，并通过合宜的制度安排促使高校和谐发展。[②]研究型大学治理必须以促进全体师生员工的发展为中心，并据此塑造高校发展愿景，方能凝神聚气，促使全体师生员工"撸起袖子加油干"。高校领导集体要不断洞察高等教育发展形势的变化，与时俱进，创新治校理念。及时调整战略规划，出好招、出奇招；既注重硬实力建设，又注重软实力建设；用好劲、用巧劲，以保证高校在不同的时间节点均能抓住重大发展机遇，实现"弯道超车"，确保各个阶段性赶超目标的实现。以人为本、依法治校、国际化、信息化的治理理念对大学治理现代化意义重大，高校领导集体应将这些理念融入治校的实际当中，不断创新治理方式，开拓多元治理途径。[③]

第二，理职明责，搭建执行力强的管理队伍。笔者访谈得知，对于前文提及的积极挖掘、引荐优秀人才，大多数院系负责人表示非常愿意，但实际工作中存在大量时间被行政部门的互相推诿消耗掉的现象。有学院负责人反馈，即便是校领导专门召开的专题协调会，相关部门会上答应得很好，会后还是无法推动，交上去的报告迟迟没有回应。因此，开展理职明责专项工作主要解决如下问题：职能部门的设置与职责划分不科学、不合理；因部分职能交叉、错位导致的相互推诿和协调难。应通过理职明责专项工作，建立以岗位责任为核心的目标管理体系；完善职能部门定编、定岗、定责体制；理顺工作流程；明确管理盲区责任单位；优化办事流程；建立职能部门职责清单，推进校、院二级管理体制改革。

第三，合理赋权，促进学术队伍和行政队伍站好"前台""后台"。在研究型大学成为巨型组织后学术队伍和行政队伍需要明确各自的分工，处理好"前台"

---

① 严蔚刚. 高校内涵发展的三个维度 [EB/OL]. http://theory. gmw. cn/2013-08/21/content_8661020. htm.

② 朱贻庭. 义分则和——关于构建和谐社会的儒家智慧 [J]. 探索与争鸣，2005（08）：2-4.

③ 邵悦，李艳辉. 论我国大学校长治校能力现代化 [J]. 继续教育研究，2015（07）：11-13.

和"后台"的关系。学术队伍重在推进学术建设和发展,行政队伍则重在为学术队伍争取更多的支持。研究型大学重在高深知识的生产,并以高深知识培养卓越人才,因此学术队伍处于高校事业发展的"前台"位置。行政队伍主要为高校发展和学术队伍建设提供重要的支撑,处在高校事业发展的"后台"位置。只有学术队伍、行政队伍形成合力,才能加快高校事业发展。

第四,敢于担当,决策果断,气量非凡。研究型大学治理过程中,如果决策议而不决、举棋不定、裹足不前,将无益于高校事业的发展。议而不决在一定程度上反映了高校决策不能草率武断,应充分调研、反复论证,但是长期议而不决必然会影响工作效率,"逆水行舟,不进则退",别的院校不断发展,自身不进则退,小幅度前进亦是退后。现代化治理水平既包括决策的科学水平,也包括及时改正错误决策的勇气和行动。高校领导集体必须敢于担当,勇于探索。面对不同意见不能气馁,只要决策方向是对的就应该坚持,不断优化方案着力推行。即便遇到反对意见,也要理性分析辨别其中的建设性意见。涉及重大决策且在利大于弊的情况下,可以小范围先行试点,出现错误及时纠正。一时难以定夺又必须进行的决策,经充分讨论后准备两套方案:既制定工作任务的目标、路线图、施工图,又安排及时纠偏止损的多套备用方案,使决策可进可退,边执行边观察,不断优化调整方案。

总之,高校领导集体尤其是党委书记和校长是引领高校发展的灵魂人物,必须保持良好的沟通,齐心协力服务于高校的整体发展;以高校发展大局为重,遇事开诚布公,抛弃个人成见,既讲分工又讲究合作;遇高校重大发展机遇时,同心同德,共同推进高校事业全面发展。

(六)校友群体

大学是个特殊组织。也许学生在校时会对学校的某些方面略有微词,但大多数校友毕业后会尽力维护母校的声誉。研究型大学的生源质量相对较高,以培养卓越人才为根本任务,因此,相对一般院校,研究型大学校友群体的力量更加强大。

对于研究型大学而言,希望今日之学生、明日之校友均以母校为荣,因此需要在以下两个方面着力:第一,必须尽一切力量提供最优质的教育,充分运用现代信息技术,使学生走上社会时具备很强的竞争力,能信心满满地在社会和人生的大舞台上施展拳脚;第二,人类是感性动物,研究型大学更需要注重对今日之学生给予润物无声的关怀,才能使明日之校友热情拥抱母校。由此,研究型大学需要一大批学术造诣高、品德高尚的教师,以引导广大学生掌握知识和能力、形成健康的人格和体魄。教师在对学生和风细雨般的关心和帮助过程中成为其人生导师,潜移默化地培养了学生对母校的热爱和眷恋之情。如果学生毕业后能融入高校发展的共同体,则校友及校友企业将会进一步促进和拓展毕业生的就业范围,实现多赢。

三、提升研究型大学人力资源治理能力的途径

研究型大学人力资源治理现代化的核心原则——以人为本、分类支持、赋能共生、弹性激励等确定后,关键还在于执行,需要相关职能部门切实履行。政策制定部门要以师生员工发展为中心,在兼顾制度公正公平的情况下多想着"成人之美",让师生员工感受到组织的关心和学校的人情味,从而激活师生员工向上向学的内生动力,发挥制度的正向激励作用。

(一)建立现代化的人力资源管理队伍

人事聘任制度、职务(称)晋升制度是组织中重要的管理制度。在高校管理队伍当中,制定人事制度的人力资源管理部门(组织部、人事部)甚为重要。高校人力资源管理队伍的素质一定程度上决定着高校人力资源管理的水平。现代化的人力资源管理队伍有助于提升研究型大学治理的现代化水平。人力资源管理部门需要根据高校发展战略,科学制定人力资源发展规划。高水平的人力资源队伍才能制定出高水平、科学的人力资源规划,进而根据人力资源规划制定出切实可行的高水平教师招聘计划、优秀教师培育计划和一系列能够充分调动全体教职员工积极性的激励机制。①

(二)注重人才引进的软环境建设

高校软环境对吸引优秀人才能起到锦上添花或推波助澜的作用。适宜的软环境会让有意来该校工作的高端人才更加愉快地签约;否则则会让其摇摆不定,萌生退意。有时在高校与优秀人才即将签约的过程中,由于工作人员的怠慢可

---

① 邢周凌,周绍森.高校人力资源管理实践的最优维度结构及其实证研究[J].管理评论,2009(06):91-98.

能使前期工作白做,使对方爽约。

龚放教授曾介绍过历史上南京大学对待特殊人才、优秀人才采取的特殊方法。[1]

例一,李瑞清让司库送薪俸到柳府。1906年南京大学前身两江师范学堂监督李瑞清引进国学大师柳诒徵到校执教。(后人认为,以柳诒徵为南雍"双柱"之一的南京大学是现代儒学复兴的策源地;以其为国学支柱的学衡派,成为后世新儒家的学术滥觞)工作不到两个月,柳先生却要辞职,他认为,每月须到司库处签字领取薪俸有辱斯文。李瑞清听后令司库按月将薪俸"送至柳府,无须签收"。柳先生欣然续聘。这个事例说明,当大学财务管理规定与教师的处事方法相冲突时,李瑞清选择了变通,即让财务的规章制度部分地服从所聘任教师的个性化需要。

例二,引进教授过渡房的修缮波折。2004年初,南京大学教育科学与管理系拟引进一位本科教育国家级名师、学科带头人,一切手续均通过绿色通道办理完。学校为其安排了临时过渡房,但是过渡房比较陈旧,亟待维修。主管人事工作的副校长电话催促后,后勤部门依旧未及时修缮。最后龚教授只好求助时任校长。校长决定周末和分管副校长、龚教授三人一同去帮助打扫过渡房。此消息一传出,施工队第二天就去了现场,修好了过渡房,教授如期引进。尽管后勤部门的安排是为了统一调度、节省成本,但大学在引进重要学者和紧缺人才时应有"萧何月下追韩信"的热情。

(三)为师生积极营造工作生活的幸福社区

社区是具有某种互动关系和共同文化维系力的人类群体及其活动区域。[2]

研究型大学需要加强对校史、战略规划的宣传,尤其应使新进教职工通过观摩校史馆熟悉校史,知晓高校发展历史和发展愿景。大学人只有熟悉校史才能更好地融入高校发展当中,对高校产生强烈的归属感,并形成我校即我家、校荣我荣等情怀。其中,还特别需要大学的管理者在公正公平的情况下能"成人之美",为师生多办实事,提高师生的幸福指数,打造师生生活、工作的幸福社区。

总之,全球化加剧了国际竞争,持久的竞争力和话语权将集中在拥有最优人

---

[1]　龚放. 正确认识大学的运行逻辑与学术权力——关于大学"去行政化"的再思考 [J]. 江苏高教, 2015(03):1-7.

[2]　王铁. 论大学社区文化共同体的构建 [J]. 黑龙江高教研究, 2014(05):52-54.

力资源的一方。只有成为人力资源强国,国家才能在更多领域拥有话语权。建设人力资源强国有赖于研究型大学培养一流的人才。研究型大学在国际上的持久竞争力和话语权也取决于其是否在多个研究领域拥有一流的学者。研究型大学只有通过人力资源治理的现代化建设,才能形成一流的学术队伍、教学队伍和管理队伍。研究型大学只有营造健康、和谐的一流人才成长生态环境,才能汇聚更多的人力资源、优质生源、财务资源,并通过马太效应加速"双一流"建设。

第二节 财务资源配置及其公平与效率

常言道,不患寡而患不均。小到家庭,大到国家,财务资源配置都是一门科学。如何使有限的财务资源在兼顾效率与公平的情况下充分发挥效益,需要仔细研究,多方论证。以学科建设专项经费分配为例,研究型大学的财务资源配置经历了由粗放型向按事预算转型,并朝着加强审计和运用大数据分析的方向发展,实施精细化管理。

一流大学须有一流学科作为支撑,而学科建设是需要大量经费投入的。如何使经费分配兼顾效率和公平,保证组织稳定?每年年底,我国高校的学科建设办公室需要就下一年度的学科建设经费分配制定出合理的方案。分配方案需要根据上一年度经费执行情况、校情变化和高等教育发展趋势进行调整和优化。

治理现代化要求制度合乎德性要求。大学制度德性是考察现代大学内部治理制度的合法性和提升现代大学内部治理能力的基石。大学内部治理制度是否合乎制度德性及合乎德性的程度对增强组织向心力、凝聚力、战斗力发挥着重要的影响,它是促使员工自发为组织创新发展积极贡献的内驱动力。学科分配制度只有合乎制度德性,才能凝聚人心,激发群体的战斗力。

2014年,某"211工程"大学进行了一场学科建设经费分配制度改革。这场改革兼顾了效率与公平,符合制度德性,并大大激活了大学发展的内生动力。该大学此轮分配制度改革背后所折射的顶层设计有助于深化大学治理理论,并可成为研究型大学内部治理制度设计的参照。

本节通过分析该大学2014年学科建设经费分配制度改革始末,认为提高现代大学内部治理制度德性,将对增强大学组织的向心力、凝聚力和提升高等教育质量产生重要的影响。同时,大数据时代背景下,提高信息化决策水平是提升制度德性的利器。

一、学科建设经费分配制度改革的背景

学科建设是大学建设与发展的核心,是构筑和提升大学核心竞争力的必由之路。[1] 大学学科建设经费使用往往存在一种怪象:投入很多,抱怨声也不少。例如,教师抱怨:不知道学院学科建设经费用到哪里了,想参加学术会议或调研没有经费支持。学科负责人抱怨:经费不够花,不能主办(承办)高端学术会议。财务部抱怨:有的学科使用经费进度慢,造成资金沉淀。

该大学改革前的外部环境:2012 年,"211 工程"三期验收后,国家是否继续推行第四期工程一时未有定论,"211 工程"大学能否继续获得大量经费投入尚不明确。

该大学改革前的内部环境:2012 年,该大学在教育部学位与研究生教育发展中心组织的第三轮学科评估中评估结果未达到预期目标;"211 工程"三期验收也未能评上"优秀"。

鉴于此,该大学学科建设办公室"双肩挑"负责人 L 教授[2] 建议 2014 年起该校先自筹几千万元专项经费(不含其他用于学科建设的经费)进行学科制度改革。经事先与分管校领导、校长充分沟通达成共识后,该大学学科建设办公室在2014 年正式启动了一场对该校具有里程碑意义的学科制度改革。

因为该大学的新政策经受了制度合法性的考察——"办好中国的事情,就要看人民高兴不高兴、满意不满意、答应不答应"[3],从而赢得了多数院系和师生的支持,体现了制度德性。数年后再审视这次改革,对启发高校"双一流"建设、完善高校学科建设制度和提升现代大学内部治理水平均大有裨益。当然,新政策执行过程中的遗憾,也体现出现代大学内部治理将更加依赖数据信息系统。

---

[1] 王振存. 一流学科建设应把握好五个关键问题 [J]. 河南教育(高教),2016(03):19-21.

[2] 本节所涉及人物均采用匿名。

[3] 李伟红,姜洁. 王岐山会见出席"2015 中国共产党与世界对话会"外方代表 [N]. 人民日报,2015-09-10(001).

二、学科建设经费分配制度改革简述

（一）新政策的指导思想

1. 以一级学科建设为中心，鼓励全员参与

各校校情不同，对"211工程"建设经费的使用亦有不同的侧重点。该大学通过"211工程"建设经费对国家重点二级学科进行重点投入，使得相关重点二级学科做大做强。2012年，学科评估的趋向悄悄发生了变化。2012年，教育部学位与研究生教育发展中心组织的学科评估、2013年该大学所在省组织的省级重点学科评估均以一级学科为单位。L教授在学科建设办公室内部率先提出："高校学科建设指导方向必须做出重大调整，从过去以二级学科为单位、重点投入国家二级重点学科转为以一级学科为单位。学科建设既分类支持又兼顾公平，加强资源整合，突出'整体作战'的优势。"

部务会决定必须动员整合全校教师队伍力量进行学科建设。只有充分发挥绝大多数教师的力量，才能取得更多的成果，实现由量变到质变的跨越，并使高水平研究成果脱颖而出。因此新政策强调鼓励全员参与，支持想干事的教师，干出成效有奖励。

2. 既有保障性投入，又有竞争性投入

该校学科建设专项经费分为两部分：① 70%的经费作为保障性基本建设经费，支持全校所有的一级学科建设。② 30%的经费作为竞争性项目研究经费。全校教师可自发组成研究团队，以项目名义申请资助，培育学科建设项目。项目立项需通过校内外评审，重点支持特色项目和有价值的基础性项目。

（二）新政策的管理机制

要保证学科建设的成效，需要从管理机制上予以系统构建，包括学科建设运行机制、动力机制、约束机制、评估机制。[①] 该校学科建设办公室在总结北京师范大学、暨南大学、华南师范大学等院校的学科建设工作经验的基础上，提出了新政策的管理机制。其中，尤为突出的是引入北京师范大学的经费"额度"的概念，不再发放"经费本"。"经费本"很容易被项目负责人从心理上视为"存折"而尽

---

① 梁传杰、肖敏. 大学学科建设管理机制的系统构建 [J]. 武汉理工大学学报（社会科学版），2011（05）：688-693.

量少花或不花。高校里"跑"经费一度盛行,"跑"来的"存折"越多,象征着学院越"富裕"。个别"存折"有时竟然会被项目负责人忘记,或者长期不被使用,造成资金闲置、沉淀。相反,引入"额度"概念有利于加强资源整合,可提升资金使用效率。同时,加强对经费使用的审计,以避免从不舍得开销到乱开销,防止经费使用从一个极端走向另一个极端。

1. 运行机制:改革的三个关键词

改革的三个关键词是按事预算、零基预算、刚性管理,且彼此环环相扣。

按事预算:根据经费比例和各学科教师人数测算出各学科合理的额度。在预算额度内,鼓励各学院及一级学科通过民主程序确立资金使用秩序及具体事项,做到"四级对应":年度学科建设目标、工作任务、实施计划、详细预算。

零基预算:一年周期内,未使用完的经费清零或调剂给其他学科使用,第二年按照大体相当的额度重新划拨。

刚性管理:预算执行过程中,需出具充分证据证明建设事项的实际发生;凡报销内容与预算事项不符的不予报销;预算没有的事项不予报销;如出现预算变更或临时重要事项,需报学校审批备案后方予以报销。同时,提升一级学科负责人的知情权、审批权,教师报销经费由学院领导及一级学科负责人同时会签。

2. 动力机制:适当竞争的全员参与

编制预算时,教师若有外出调研、参加学术会议、出版著作等计划,均可向所属学科负责人申请,由学科、学院负责人统一协调。出席国际会议需提供邀请函并有发言安排;国内会议只需邀请函。学科基本建设经费反对"平均主义",鼓励适当竞争,优先资助在大会上作主旨报告和发言、提交会议论文的教师,以提高相应学科的学界声誉。根据零基预算原则,同一学院在优先保障各一级学科内部教师有充足的学科经费之外,多余经费可统筹调剂给其他一级学科使用,避免浪费。

3. 约束机制:一定范围的信息公开

该校学科建设办公室计划与财务部合作,推出学科信息管理平台或在财务管理系统增加相应模块,将学科预算与财务报销系统无缝对接。设定一定权限,各一级学科、学院负责人均可实时查看全校学科报销情况,实现从预算公开到执行公开,并可互相监督。例如,同样是到某地开会、调研,如果一个学科的预算编制和执行经费高得离谱,或系统显示参加学术会议的总是少数人,经费使用覆盖面狭窄等问题就会立即"显形",学科建设办公室应予以关注和处理。

4. 评估机制:动态调整经费额度

新政策不再需要学院、学科负责人"跑"经费,而转为思考如何遵照财务规定将分配的额度用好,提升资金使用效益。按事预算关键是把"事"确定好,方能通过审计。该校学科建设办公室计划起草相关奖励办法,设立若干单项奖,对取得突出成效的一级学科进行奖励,并依据成效适当动态调整额度,以促使各一级学科产出一些有显示度的标志性成果。

三、新政策的制度德性

制度德性指的是制度的合道德性①,其中公开、公正是应然的要求,并需体现制度的人文关怀。考察该大学 2014 年学科管理新政策的制度德性需要关注新政策制定过程与执行效果是否合道德性。

(一)新政策出台经过了充分调研且程序到位,体现了公开性

有限理性理论强调人们的信息加工能力是有限的,即人们没有能力同时考虑所面临的所有选择,无法总是在决策中实现效率最大化。②为了避免"拍脑袋"决策,2011 年,L 教授作为"双肩挑"人员任职学科建设办公室。为了更好地开展工作,他带领相关人员走访了校内各学院,调研了各学院对学科建设的需求和对学科建设办公室的期望。2012 年底至 2013 年上半年该校学科建设办公室在 L 教授的带领下"南下北上",到几所高校调研,在听取了其他高校的先进经验和做法后,该校更加坚定了以一级学科为建设单位的决心。2014 年的改革新政策取得了分管校领导和学校党政一把手的支持。在广泛的调研以及多份研究报告的支撑下,经过精心准备,该校召开了全校学科建设大会,正式宣布了学科建设理念的转型——树立一级学科建设理念,优化学科资源配置,推动该校学科建设跨越式发展。同时,该校要求将新政策的管理构想提交学校学术委员会审议,这也合乎现代大学管理制度要求彰显教授治学的特色。该校于 2014 年 6 月正式颁

① 杜时忠. 制度德性与制度德育 [J]. 高教探索,2002(04):11–13,6.

② 周雪光. 组织社会学十讲 [M]. 北京:社会科学文献出版社,2003:161.

发了新的学科建设管理办法,明确了经费的主要用途:学院举办讲座、承办会议;教师参加学术会议、调研、出版专著等。自此,该校以一级学科为单位的学科建设理念正式确立。

（二）新政策的分配方案既对大多数学科进行分类支持,又兼顾公平与效率

对于保障性经费,学科建设办公室根据分类支持原则,参照各一级学科的教师人数,测算相对科学、公平的额度,分配给各学院相应的一级学科。具体来说,三类一级学科分为省级重点一级学科(A类),一般一级学科(B类,与A类不重叠计算),国家级重点二级学科、培育学科、研究基地所在的一级学科(C类,与A类一级学科重叠)。A、B、C三类一级学科,分别按照保障性学科经费总额的80%、10%、10%予以投入支持。

学科经费使用方向做了重大战略调整。第一,照顾大多数学院。新方案中80%的经费用于支持省级重点学科(A类学科),覆盖了全校近80%的教学单位。第二,缩小了一级学科内部二级学科之间的经费悬殊。原来的学科经费分配方案客观上造成只能覆盖几个教学单位,导致一级学科内部重点二级学科和非重点二级学科之间的经费相差悬殊。在学校发展态势呈现稳中向好的阶段,推出新政策有利于打破这种差距。新政策以一级学科为分配单位,一级学科内部所有二级学科的教师使用经费的机会均等,即非重点二级学科的教师与重点二级学科的教师享有均等的经费使用机会。

（三）新政策的执行效果

新政策推行后,学院举办的各种讲座、专业学术年会甚至国际会议都增多了。新制度主义社会学认为,只有新政策在组织内部形成共同的文化认知,才能赢得合法性,新制度才能得以维系。[①]笔者访谈了身处优势学科、弱势学科的教师个体和学院院长,他们均表示对新政策积极支持。

1. 优势学科的声音

青年教授F说:“以前参加学术会议,主要用学院创收的钱,院长总需要思考

---

① 罗燕,杨钋. 中国高等教育的制度正义:在扩张与平等之间——新制度主义社会学的分析 [J]. 清华大学教育研究,2011(06):28-35, 68.

一番决定是否同意。现在学科建设办公室推出新政策,有制度依据且没有花学院创收的钱,参加学术会议名正言顺、理直气壮。"

某学院院长 X 教授非常赞成零基预算的做法:"只要第二年额度大体相当,该清零就得清零,也方便账务管理。"

2. 弱势学科的声音

某弱势学科的负责人 S 教授说:"高校提出按一级学科预算,这是一个大动作,从长远来看高校的学科发展一定会因此大大受益,高校的地位还会进一步提升。高校今后在保证主流学科优势的前提下,适度支持其他学科的发展,对高校学科的全面发展和长远发展有重要意义。这样做,既能让弱者很好地生存,又能让强者很好地发展。"

某学院院长 D 教授说:"高水平的著作是彰显学者水平的一项重要指标。今年学院的学科建设经费主要用于全额资助 10 位教师出版专著,余下经费供三个一级学科各举办了一次大型学术会议,提升了学院在同类院校中的声誉。"

从结果上来说,该大学 2014 年所进行的学科治理实践,最终使师生受惠,故而赢得了大多数教师的支持,优秀硕士生、博士生也跟随导师参加学术会议增加了阅历。因此,从总体上来说,此次学科治理是成功的,彰显了学科制度德性,体现了治理现代化的特征。

四、学科建设经费分配制度改革的实践反思

现在,我们再来回顾一下此次改革,找寻有哪些因素引领其形成了制度德性?实践过程中留下了哪些遗憾?"双一流"政策出台后,该校的新政策如何推行?

(一)引领大学学科治理形成制度德性的因素

1. 新政策推动者需在大格局中谋划高校发展

在其位而谋其政是对大学职能部门负责人的基本要求。学科建设办公室主任 L 教授到任后深入各个学院座谈,从总体上把握了该校各个学科的发展现状。更难能可贵的是,作为"双肩挑"人员、二级教授、某一级主干学科负责人,他虽然担任过学院院长多年,但在制定新政策的指导方向时摆脱了"学院人"对"学校人"的束缚,没有为其所在主干学科代言,始终坚持在大格局中谋划学校学科发展大计,以推动学校学科整体协同发展。新政策虽有所侧重,保障了主干学科发

展,体现了效率要求,但更为突出的是首次照顾了大多数学科,兼顾了公平。

对大学组织而言,职能部门负责人的聘任考验着高校管理者的水平。知人善用、人岗匹配是提升组织绩效的重要条件,职能部门负责人尤其应心怀大格局。职能部门负责人有思想、愿干事、有魄力,能制定出比较科学的新政策,是部门之幸;高校主要领导能听取并积极支持新政策,让新政策得以推行是学校之幸。二者形成良性循环,促使现代大学内部治理现代化水平不断提升。

2. 新政策执行者需坚守制度德性

为了保证新政策得以有效执行,该校学科建设办公室与财务部进行了很好的沟通,双方积极协同配合。学院学科秘书、教师报销学科经费时先到学科建设办公室审核。学科建设办公室工作人员将报销事项与预算计划进行对比,若吻合便开具接洽函,财务部门看到接洽函后审计票据的真实性,票据真实就及时予以报销。

有了好的制度,关键还在于执行。学科建设办公室工作人员应加强审查,减少风险,保护教师。对于不符合预算的事项,若碍于人情开具接洽函,则违背了新政策的设计初衷,新政策运行机制也就形同虚设,最终损害的是学校和教师的利益。

(二)提升大学学科治理水平需加快信息系统建设

不论制度设计如何完善,某些主体总是不能按照制度设计的预期行为方式来活动[1],正如道德约束无法杜绝犯罪一样。由于多方面的原因,该校学科信息管理平台或决策系统未能同步跟上,以至于新政策的推行完全靠学科建设办公室和财务部门工作人员人工审核、监督,未能实现在一定范围内公开和接受多方监督;同时,增加了学科建设办公室工作人员、财务人员的工作量,也使教师感到手续略微有点烦琐。

以上所说的"多方面的原因"主要包括以下几方面。财务部门基于安全考虑,先前预期开放的学科模块未配置到位;该校正着手校、院二级管理体制改革,计划将财权下放,学科信息系统还有无必要建设需重新论证;学科建设办公室工作人员数量捉襟见肘;2014～2015年主要推行学科建设基本经费,竞争性学科

---

① 〔美〕阿尔伯特·O. 赫希曼. 退出、呼吁与忠诚对企业、组织和国家衰退的回应 [M]. 卢昌崇,译. 北京:经济科学出版社,2001:1.

建设项目、学科奖励办法未能推进。在约束机制有待进一步完善的情况下，依然要规范资金使用，基于此，该校学科建设办公室发布了《2015 年学科基本建设经费管理细则（试行）》。

如今看来，搭建学科信息系统仍很有必要，学科信息系统可以帮助管理者实时了解各一级学科经费使用情况，以便更好地进行绩效分析和在一级学科之间动态调整额度，避免资金积淀。因此，必须加强大学信息化决策系统建设，搭建数据仓库，将高校发展的各类数据包括学科发展数据和学科经费使用数据在决策前进行数据挖掘与分析，以便提升决策水平。

（三）学科新政策适应了"双一流"的政策要求

尽管外部环境会发生变化，但具备制度德性的新政策总能适应新形势的变化，只要与时俱进地进行相应调整，就不会被推翻。2015 年 10 月，国务院出台了"双一流"建设总体方案。在个别"985 工程"高校对学院裁撤并转的时候，该校从容应对，对 2016 年学科建设经费分配采取了以下措施：与财权下放相结合，通过提高各教学单位的基本运行经费，保障各一级学科基本建设经费的持续性。将学科建设专项经费命名为"双一流建设专项经费"，由具有博士学位授予权、在第三轮学科评估中位次居前 30％的一级学科自愿以学科建设项目的名义申报，参与"双一流"培育项目建设。参与"双一流"建设的学科同样需编制经费预算，待预算方案通过学校审核才下拨经费额度。这种项目申报形式，在某种程度上，可以视为该校 2014 年竞争性项目的正式实施。

总之，该校 2014 年推行的学科建设经费分配制度改革在财务资源配置上兼顾了公平与效率，彰显了制度德性，是推进大学内部治理体系和治理能力现代化建设的有益探索。此次改革，大大激发了该校教师的积极性、主动性、创造性，加强了各一级学科的凝聚力，使师生受惠。以此次学科建设经费分配制度改革为发轫，该校学科建设制度不断得以优化和完善。并且，通过学科建设培育项目的引导，近年来该校青年拔尖人才不断涌现。

第三节　校园空间治理规划与战略选择

现代校园空间由三部分组成：虚拟的校园网络空间、校园文化空间、传统意义上的校园物理空间。即研究型大学的校园空间治理包括网络空间治理和校园文化空间治理、物理空间治理。

校园网络空间治理既需要高校信息管理部门不断提高网络技术,防范网络安全,整合网络数据,搭建大数据决策平台,也需要高校党委宣传部、学工部、团委及学生组织相互配合,齐心协力净化网络空间,给大学生营造健康的网络生态。校园文化空间治理重在大学精神的塑造,以展现本校师生的精神风貌。

校园物理空间治理的关键在于对校园硬环境的规划,涉及校园功能分区和多校区办学。校园功能分区很难做到完全理想化,特别是若建校时面积较小,后期又通过收购周边土地不断扩充办学面积,原有校园建设规划必然要进行调整。院、系办公场所配置只能微调和逐步完善,把校区腾空重新安排所有二级单位的办公场所难度较大。但是,当有机会重新规划闲置校区或新校区时,则必须抓住这难得的机遇,并以慎重的态度、科学的精神,完善校园功能分区。因此,本节重点探讨校园物理空间治理规划。

高等教育市场化后,发展态势较好的高校通过向银行贷款筹集资金,不断圈地开辟新校区,形成了多校区办学的现象。尤其是在 20 世纪末国内高校合并浪潮的推动下,多校区办学现象日益增多。

某"211 工程"大学由两所大学合并而成,两校区地理位置相隔近 20 千米。合校后该校行政办公主体初始在甲校区办公,对乙校区加速建设。六年间,乙校区通过征地拓展了办学空间,修缮了多栋楼宇,办学能力大大提升。2006 年后,该校的行政办公主体搬迁到乙校区,并逐渐形成以乙校区为办学主校区。甲校区逐步沦为半闲置状态,只承担部分教学功能,昔日繁荣不再,当年颇有人气的校园变得冷冷清清。但甲校区的这种状态终于在 2011 年下半年有所改变。

在我国,发展规划部门已成为各高校发展的"智库"之一,参与了高校越来越多的重大决策。2011 年下半年,该校发展规划部接到了学校安排的任务:对两校区的办学资源整合提出讨论方案,供领导决策参考。

一、决策背景

1. 内部环境

2012 年,该校乙校区办学资源趋于饱和。按照 2011 级本科新生男、女比例差测算 2012 级本科新生所需宿舍,结果是乙校区少数新生将无法按照 4 人间标准落实宿舍。同时,乙校区教室使用率接近95%,学生自习空间有待补充。即使采用腾挪挤让的方法,各类办学资源虽能安排到位,但也只是低标准的应急举措,且存在诸多变数:过往被其他机构占用的办学资源能否及时清理复位、留学生规模是否会比预期发展更快,等等。同时,图书馆、实验室、部分学院办公用房资源高度紧张的局面依旧难以得到解决。从改善师生工作、学习条件和为学校长远战略发展预留空间的角度来说,整合两校区的教育资源,充分利用甲校区已成为刻不容缓、具有战略意义的应对举措。

2. 外部环境

在统计该校办学资源时,上级主管部门往往是将两个校区的资源叠加,产生该校"办学空间和资源比较充足"的印象,以致该校申请新的楼宇建设项目非常难。同时,该校出现了乙校区办学资源捉襟见肘、甲校区大量办学资源却大量闲置的窘境。

3. 其他高校的经验

该校相关人员调研了其他高校的做法。浙江大学设有紫金港、玉泉、西溪、华家池、之江、舟山、海宁七个校区,大一新生一般生活在紫金港校区,大二结束后根据学科归属回到相应的其他校区。复旦大学2005年9月成立复旦学院,下设五个四年制住宿书院,分别以老校长的名或字命名。新生入学后统一进入复旦学院接受通识教育。书院按住宿区域划分,物理空间相对独立;书院内的住宿安排基本按学科交叉和大类融合的原则。①

二、备选方案分析

"流水不腐,户枢不蠹。"甲校区闲置数年,部分设施已无法使用,如果要重新恢复办学功能,需要及时对其进行维修改造。若想2012年全面恢复全日制办学,宿舍问题将成为一大瓶颈。结合有关部门反馈的数据和甲校区宿舍使用现状,该校发展规划部基于"群落优先、学部优先、稳定优先、交通与成本优先"②的原则,共提出四种回迁甲校区的备选方案。

---

① 复旦大学复旦学院[EB/OL]. http://www.fudan.edu.cn/2016/channels/view/116/.
② 中南财经政法大学发展规划部、高教评估与研究中心."两校区教育资源整合"方案论证综述。

1. 群落优先：专业学位硕士研究生搬迁

将专业学位硕士研究生搬迁至甲校区。但是，该校实际需要住校的专业硕士研究生人数并不多。若只搬迁专业学位硕士研究生到甲校区，则甲校区的办学资源依旧闲置较多。

2. 学部优先：部分学院整体搬迁

部分学院如管理学部相关的几个学院整体回迁到甲校区。此方案有利于甲校区的长远发展，是根本的战略性措施，能够彻底缓解乙校区办学资源的紧张。此方案因未得到相关学院的响应最终搁浅。

3. 稳定优先：建本科新生学院

逐渐将大一新生安排在甲校区，大二后迁往乙校区；也可待甲校区维修、改造到位后让部分学院的大二学生不迁往乙校区，最终实现少数学院整体留在甲校区。

此种方案可进可退，但也有人担心全部新生安排在甲校区，会不会反过来使乙校区资源出现闲置和甲校区维修、改造、教学运营成本过高等问题。

4. 交通与成本优先：建本科毕业生学院

根据甲校区腾出的床铺数，逐渐将本科毕业生回迁到甲校区。

方案优势：甲校区地处城市中心便于毕业生找工作、实习及毕业离校；本科毕业生的课程最少，减少教师跑动，教学教室需求不大，考研自习室充足；很多本科毕业生不在校，后勤保障压力较小。

方案不足：涉及所有学院本科毕业生搬迁；疏离了本科毕业生与学院的联系，如不加强管理，毕业生会被"放羊"。此方案发挥了甲校区的交通优势且运营成本低，但需做好本科毕业生的搬迁思想动员。

三、战略共识

甲校区恢复全日制办学是基于该校长远发展的战略考虑，既有利于甲校区自身发展的需要，又有利于盘活该校整体的办学资源。当然，无论采取哪种方案均需做好稳定工作，并听取民意。

四、战略抉择

该校最终选择了第三种方案，即建设本科新生学院。该校决定根据甲校区修复情况试行各学院本科新生分批轮流入住。该决策的初衷在于:如果本科新生在甲校区生活一年后再回到乙校区,两个校区在他们生命里都留下了印迹,学生在情感上就不会将两个校区刻意割裂开来,而是将两个校区融合在一起。"亲近"是人与人、人与物形成印象,继而产生情感的基础。据该方案起草者之一介绍,他本科就读于乙校区,毕业后在甲校区工作了五年,正是这五年使得他对甲校区同样怀有一份眷顾之情。

甲校区建本科新生学院后的运行情况:2012年9月,部分学院本科新生入住甲校区。通过维修改造,2014年、2015年陆续有60%、90%的大一新生入住甲校区,一学年后他们搬迁到乙校区。

五、决策反思

1. 大学决策没有绝对完美的方案,是大学相关利益群体博弈的结果

第二种回迁方案的设计初衷是:以学部为单位,将相关学院成建制整体搬迁至甲校区,正好与甲校区当时承担的部分专业硕士教育相融合。但是,该方案在调研过程中未得到相关学院响应。个中原因不难理解:第一,人们习惯上认为,靠近决策中心好办事。高校的主要职能部门均已搬迁到乙校区,如果学院再回迁到甲校区,两校区相隔虽只有20千米,但毕竟远离了高校行政中心。学校所在城市的交通较拥堵,汽车往返两个校区一趟约需要1.5小时,办事时间成本太高。第二,学院已搬迁至乙校区五六年,许多教职工已在周边购房。如果回迁到甲校区,就意味着学院教职工得坐班车上班,早出晚归非常不方便。

2. 多校区空间治理现代化需要广泛征求意见,尤其是学生群体的意见

第四种回迁方案——建本科毕业生学院,办学成本耗费最低。但是,本科毕业生群体是否愿意搬迁? 一种观点认为,甲校区位于城市中心地带,外出实习、找工作交通非常便利。另一种观点认为,大学三年,准毕业生的亲密朋友、老师甚至恋人均在乙校区,马上进入大四却"被"送到甲校区,会令毕业生滋生被"抛弃"的感觉。进入大四,一部分毕业生开始找工作。找工作初期,毕业生的期望值一般较高,这样难免会遇到挫折,造成情绪低落。毕业生一旦产生被"抛弃"的错觉,又无法正常排解找工作带来的焦虑和压力,在多重负面情绪的驱使下,很可能做出一些过激行为,不利于学校稳定。这种政治风险,学校决策者必须慎重考虑。另外,学生大学三年积攒的物品客观上比一年积攒的要多得多,大三学

生回迁到甲校区的货运量也会远远超过大一学生搬迁到乙校区的货运量。

于是,该校乙校区空间规划最终聚焦在"建本科新生学院"和"建本科毕业生学院"两种方案的选择上。

多校区空间规划是异常重大的战略抉择。既然是决策建议方案,难免会渗入起草者的个人倾向。据起草者之一反映:部门确定四种方案后,准备提交校务会审议之前,有天晚上他突然在半夜醒来。他担心自己的倾向一旦出现失误,会给学校造成重大损失,重新规划、扭转决策的难度和成本太高。这位起草者倾向的是第三种方案——建本科新生学院。他在起草方案时,咨询过几位曾经担任过辅导员的管理干部和职能部门负责人的意见,他们的出发点都倾向于维稳,不建议搬迁毕业生。这一点与起草者的心里预期一致。新生先入读甲校区,对甲校区会产生新鲜感,再搬迁到乙校区同样也有新鲜感。而毕业生在大三时"被"回迁到甲校区,则可能是一番别样的感受。但是,由于经验不足,起草者没有去毕业班调研毕业生本人的意见,留下了深深的遗憾。

数年后对于新生搬迁甲校区,有两种反馈意见:① 有教师说,甲校区位于城市中心,新生处在闹市,一年级专业课程较少,如果得不到专业老师的指导,很容易被"放羊",不利于养成好的学习习惯。② 有管理人员感慨,每年暑期甲校区都需要进行紧急修缮,以焕然一新的面貌迎接另一批新生,维修成本较高。

任何一种决策方案都不可能绝对正确,需要权衡各种利弊,都只能是当时的最优选择,并以维持应有的稳定为前提。因此,如果重新规划甲校区的战略,应匿名调查毕业生的真实想法:他们真的愿意在大学最后一年搬去甲校区吗?其他高校遇到类似情况时,也一定要去毕业生当中调研,毕竟他才是当事人,是否搬迁应关注他们的想法?维稳的想法是否过于看重现实的风险,当事人是怎么想的?同时,调研曾入住甲校区的大二学生,他们对甲校区是否满意度,是否愿意继续留在甲校区?"鞋子合不合脚",只有当事人最有发言权。

总之,校园空间治理现代化需要秉承以人为本和全面考虑师生的物质需求、精神需求的原则,实现大学人与校园环境的和谐共生,让师生在大学场域里竞相迸发学习和工作热情。

第四章
研究型大学外部治理关系现代化

前一章重在强调通过规范研究型大学内部治理制度,促进大学内部实现"人和"的境界。只有增强大学人的幸福感、获得感,才能使大学师生员工精气神儿十足,从而提高大学的内部生产力,使大学内部人、财、物及空间等办学资源产生最大效益。本章重点讨论研究型大学的外部治理,旨在促使大学与外部治理主体构建和谐共生的关系,即营造"天时、地利"的外部发展环境,以保障研究型大学持续发展,并发挥其应有的社会作用——高水平人才培养、高深知识的创造和传播、为社会经济科技发展提供强大的智力支持、促进全球命运共同体建设。

第一节　理想的大学外部发展环境

一、和谐共生是大学期望的外部发展环境

社会共生论认为,共生关系是人类基本的存在方式。[①] 人或组织与人、组织、自然之间只有构建共生的关系才能协调发展。为实现共赢,任何人或组织都不可能享有绝对的自由,需要遵循一定的规则和约束条件。合作双方通过沟通与博弈,形成分崩则互损、和合则互利的关系。

"和合"文化吸收了中华民族优秀的传统文化。"和"为"和谐、祥和","合"乃"合作、融合"。《周易》讲"阴阳和合""和合太和",孔子讲"和为贵""和而不同",老子讲"知和日常",墨子认为"和合"应成为人与家庭、国家、社会相处的根

---

① 胡守钧. 社会共生论. 2 版 [M]. 上海:复旦大学出版社,2012:5.

本规则。"和合"思想纵横中国文化发展的全过程,体现于各时代各家各派的思想文化中,是人类古往今来孜孜以求的关于自然、社会、人际、身心、文明诸多元素之间的理想关系状态。[①]

因此,研究型大学要实现长足发展,除了要实现内部治理现代化外,还必须与外部各利益主体构建"和谐共生"的关系。无论研究型大学的内部治理或者外部治理哪一方不和谐,都会影响到大学的健康持续发展。

大学内部治理旨在对大学内部的人、财、物等资源进行科学公正的分配;大学外部治理的目的是为高校争取更多的办学资源(人、财、物)以及良好的社会声誉。大学外部治理的主体通常指政府、市场和社会。在中国语境下,政府包括中央、地方两级政府,其为高校提供教育政策和办学资源,尤其是公立高校离不开政府财政的投入。市场包括企业、科研院所、同城同类大学等。一方面,市场为高校提供部分办学资源和合作机会;另一方面,市场通过就业岗位对职业能力的要求来倒逼大学变革教学、科研的内容。大学既是社会的一部分,又身处社会当中。研究型大学与区域、城市等空间,与大学理事会成员、支持型校友等个体存在互动关系;与第三方组织、学生家庭等社会组织和社会群落存在互动关系。大学与社会的互动主要在于提高大学的社会声誉,获得更多的人、财、物等资源支持。

二、营造和谐共生的外部环境的策略

《国家中长期教育改革和发展规划纲要(2010—2020 年)》提出,"建设依法办学、自主管理、民主监督、社会参与的现代学校制度"[②],为研究型大学构建和谐共生的外部环境提供了政策支持。

1. 依靠团队与校友力量

成就任何事业都需要人力资源,成就大事业更离不开团队的智慧。大学与外部治理主体构建和谐共生的关系亦需要团队的力量,尤其是面对不同的治理主体、涉及不同的业务时,均需要相关的专业力量。例如,研究型大学的法务工

---

① 刘凤. 论大众文化语境与统战文化传播 [J]. 湖南省社会主义学院学报,2016(01):58-61.
② 国家中长期教育改革和发展规划纲要(2010—2020 年) [EB/OL]. http://old. moe. gov. cn/publicfiles/business/htmlfiles/moe/info_list/201407/xxgk_171904. html.

作要求相关职能部门负责人具备法律学科背景甚至相关从业资格证,组建法学、经济学等多学科教授咨询团队,必要时还需要广大校友声援。

2. 注重沟通与信息公开

沟通与交流是消除误会、保持信息对称的关键。注重事前沟通,就会多赢得一些支持,减少一些阻力。"兼听则明,偏信则暗。"信息网络时代,资讯传播非常快捷。杜绝谣言最好的办法是信息公开,让信息对称,防止以讹传讹。研究型大学可充分利用新媒体技术,使不同的内容在相关范围内公开,做到信息对称,以消除误解,提高决策水平与效率。

3. 顾全大局与求同存异

个体决策时常会陷入有限理性的困境,多元共治可扩大有限理性的边界,使治理愈发科学和高效率。但是,多元共治也容易出现"众口难调"和"一言堂"两种困境。高校发展的重大决策不能完全执行一方想法,需要经过充分论证。治理各方必须坚持当初形成高校治理共同体的初衷——促进大学健康、快速、持续发展,这个大局观不能丢。顾全大局是优秀团队成员应有的品质。当意见出现分歧时,大学外部治理主体需要本着求同存异的原则,更多地从维护和促进大学培养卓越人才、产出高水平科研成果、提供优质的社会服务和智力支持等方面考虑。

第二节　研究型大学与政府的互动

一、美、中研究型大学与国家关系的差异

研究型大学在不同国家产生和发展的历程不同,以致其与政府的关系也呈现出一定的差异。

(一)美国大学与政府的关系

第一章曾谈到美国是先有大学而后有国家,哈佛大学、威廉与玛丽学院、耶鲁大学成立时美国尚未建国。建国后,华盛顿总统非常支持本杰明·拉什的建议——在首都建立一所中央大学。但是美国国会想建立的是弱势政府,担心中央大学培养国家行政人员使政府权力加强,拒绝了该主张。因而,美国的高等教育管理结构逐渐发展为上、中、下三个层次:联邦政府位于上层,但权力最弱,

1979 年设立的联邦政府教育部,功能类似于国家教育办公室;高校行政管理机构、理事会和教授会位于中层,他们的权力最强;行会、院系、研究生院位于下层,权力次之。因此,有学者提出美国是"弱政府与强大学"。①

但是,在两次世界大战过程中,美国研究型大学发挥了政府和军队未预料到的智力支持和技术支持。之后,美国政府决定采取以下策略发展高等教育:第一,用立法的形式明确规定州政府对高等教育的责任;第二,以签约形式向大学托管国家实验室和重大科研项目,使大学科学研究服务于国家发展战略;第三,建立多方参与的贷款机制,把教育的选择权交给受教育者;第四,引入竞争机制,确保联邦政府研发经费得到有效利用;第五,博士教育经费投入与科学研究的有机结合。②

(二)中国大学与政府的关系

1898 年,北京大学前身、旨在培育人才和富国强民的京师大学堂成立。作为"戊戌变法"的成果,京师大学堂是中国近代第一所由中央官办的综合性大学。它成立之初即扮演双重角色:既是全国最高学府,又是国家最高教育行政机关,统辖各省学堂。③ 由此可见,中国大学自肇始即是在政府主导下成立的,并接受政府管理。

1911 年的辛亥革命推翻了长达 2000 多年的封建君主专制政体。袁世凯就任总统后倒行逆施大搞帝制复辟。孙中山先生深感培养革命人才的重要性,遂联合宋教仁、黄兴等,仿日本早稻田大学于 1913 年创办了中国第一所私立大学——国民大学(1917 年改名为"中国大学"),以培养人才,挽救中华危亡。④ 中国大学具有光荣的革命传统,李大钊、鲁迅等曾在该校讲学;在北京的反帝反封建斗争中,中国大学的学生走在前列,中国大学培养和锻炼了一大批先进青年和革命志士。中国共产党 1924 年即在该校建立了组织,老一辈革命家曾在该校开展过

---

① 马万华. 从伯克利到北大清华——中美公立研究型大学建设与运行 [M]. 北京:教育科学出版社,2004:31-32.

② 马万华. 从伯克利到北大清华——中美公立研究型大学建设与运行 [M]. 北京:教育科学出版社,2004:32-54.

③ 王晓秋. 戊戌维新与京师大学堂 [J]. 北京大学学报(哲学社会科学版),1998(02):77-87.

④ 乔凌霄. 孙中山的教育思想与中国大学的创办 [J]. 北京党史研究,1998(06):47-49.

地下斗争。1935 年前后中国大学的学生共产党员达 50 余人,走出了与杨靖宇、周保中齐名的东北抗日名将李兆麟、白乙化等英雄人物。尤其是在北京沦陷后,中国大学艰苦办学达八年之久,收容了大批失学青年,掩护和支援了地下抗日工作。①1949 年 3 月中国大学停办。

中国近代高等教育自诞生之日起,无论是由政府建立的国立大学还是私立大学都始终走在时代前列,接受和传播先进思想,并践行着重要使命:挽救中华民族、富国强民、抵抗侵略。历史浪潮最终将领导中华民族独立和解放的重任交付给了中国共产党。中国共产党不负众望,带领人民走上了富强道路,使中国重新屹立于世界之林。特别是恢复高考后,在中国共产党的领导下,中国高等教育快速发展,如今中国已成为高等教育大国。

二、大学与政府和谐关系之构建

(一)推进落实"放管服",优化完善"权责清单"

政府着力推进"放管服"对高校是利好消息,高校可以获得更多的自主权,可以因校制宜,及时制定、调整内部治理制度,从而最大限度地激活高校生产力,使高校更好地服务于国家和社会建设。在推进依法治国的大背景下,伴随着治理体系和治理能力现代化的建设进程,在落实"放管服"和建立现代大学制度、落实大学章程的过程中,中国政府对高校的管理将从"全能政府"逐渐向"有限政府"转变,扮演多元("同辈")治理中的"长者"角色②。

制定"权责清单"有利于明确相关治理主体的权利与责任。引入"权责清单",无论是对大学内部治理还是外部治理来说,均有利于提高治理效率。通过制定政府、高校各自的"权责清单",有利于明确政府和高校的责任,提高各自的效能。当然,"权责清单"并不是僵化和一成不变的,需要结合大学治理的实践探索、高等教育国际、国内发展趋势和环境,与时俱进地进行优化和完善。

(二)构建政校互动机制,保障沟通渠道畅通

社会共生论认为政治沟通包括两种路径:自上而下的政策传达、自下而上的

---

① 戚荣达. 何其巩与私立中国大学 [J]. 文史天地,2016(12):38-42.
② 魏海苓. 论大学治理的现代性与后现代性 [J]. 高等教育研究,2005(03):23-27.

利益表达。^① 政校互动可以有三种形式：政府与高校互动；专业学会、高校联盟等第三方组织与政府互动；高校向政府"请示授权"。

1. 政府与高校互动

随着政府决策水平的提升，政府改变了过去直接的、单方面的政策传达，新政策下达往往加入"政校互动"环节。政府与高校互动有以下形式。

（1）高等教育重大政策正式出台前，政府会通过多种渠道收集各方意见，完善优化方案。"鞋子合不合脚"，只有穿鞋子的人最有体会。提升高等教育政策的科学化水平，《国家中长期教育改革和发展规划纲要（2010—2020 年）》正式文本颁发之前，邀请了大量教育研究专家参与规划纲要的编制工作，并先行发布了"征求意见稿"，既向全社会征求意见，也要求高校反馈修改意见。又如，高校科研经费使用程序上的一些繁文缛节一再被大学教授、专家所诟病。这种声音被政府部门听闻，2016 年 11 月中央出台的《关于实行以增加知识价值为导向分配政策的若干意见》强调"明确分配导向，完善分配机制，使科研人员收入与其创造的科学价值、经济价值、社会价值紧密联系"^②，解放高校科研生产力。

（2）政府领导人在访问重点大学、出席教育文化科技相关重要会议时发表的重要讲话，或者在给特殊群体的回信当中，对高等教育进行了新部署、提出了新要求。

（3）政府有关部门负责人在与部分高校负责人的座谈会上提出高等教育发展新的重要导向。例如，2016 年 10 月教育部部长陈宝生同志在武汉高校工作座谈上强调：在"双一流"建设进程中，高校要进一步转变理念，做到四个"回归"——回归常识、回归本分、回归初心、回归梦想。^③

（4）政府的教育部门负责人参加重点大学或专业学会举办的高峰论坛做报告、接受媒体采访时向高校释放重要政策信号。例如，"建设一流大学必须建设一流本科"政策的形成过程对此非常具有说服力。《统筹推进世界一流大学和一流学科建设总体方案》（国发〔2015〕64 号）^④在"培养拔尖创新人才"部分，起初

---

① 胡守钧. 社会共生论. 2 版 [M]. 上海：复旦大学出版社. 2012：135–137.

② 中共中央办公厅　国务院办公厅印发《关于实行以增加知识价值为导向分配的若干意见》[EB/OL]. http：//www. gov. cn/gongbao/content/2016/content_5139814. htm.

③ 万玉凤. 高等教育要做到四个"回归"[N]. 中国教育报，2016–10–17（001）.

④ 国务院关于印发统筹推进世界一流大学和一流学科建设总体方案的通知 [EB/OL]. http：//www. gov. cn/zhengce/content/2015–11/05/content_10269. htm.

并未突出建设世界一流大学与建设一流本科教育的关系,对此一些教育研究专家提出必须建设一流本科。为了防止"双一流"建设忽视本科教育,2016 年 3 月教育部副部长林蕙青同志在教育部直属高校"十三五"规划视频会上指出,高校要将建设一流本科教育纳入"十三五"规划当中。同年 5 月,在中国高等教育学会与厦门大学联合主办的"一流大学本科教学建设高峰论坛"上,她又一次强调"一流大学要办好一流本科教育",该讲话随后被《光明日报》刊发。[①] 同年 10 月,在"中国高等教育学会暨高等教育国家论坛"上,她再次重申"人才培养工作仍在爬坡过程中,高校人才培养工作需要继续升温"[②]。2016 年 12 月,教育部党组书记、部长陈宝生接受《光明日报》记者采访,指出"没有高质量的本科就建不成世界一流大学"。[③] 至此,"双一流"建设与建设一流本科教育正式确定相关关系。

2. 专业学会、高校联盟等第三方组织与政府互动

在高校寻求政府出台重大教育政策、大学学科重点支持项目时,科学家、大学领导通常会自发联合或组建联盟,以加强呼吁力度。这种临时联合体或者大学联盟类似于教育第三方组织,往往比独立的个体直接向政府表达诉求效果更好。例如,1986 年初,中国科学院学部委员(院士)王大珩、王淦昌、杨嘉辉、陈芳允联名向中央提出"关于跟踪高技术发展的建议";同年 3 月 5 日,邓小平同志做出批示;10 月,中共中央、国务院批准了《高技术研究发展计划纲要》(简称"863 计划")。[④]

陈学飞教授曾详细介绍了"985 工程"政策的产生是一个先自下而上再自上而下、大学与政府合作和互动的过程。[⑤]1998 年,北京大学校长陈佳洱院士回忆:北京大学百年校庆(1998 年 5 月)结束后,他立即找到时任清华大学校长的王大中院士。两人一拍即合,签订了学分互认、教授互聘、资源共享等八条协议,并联

---

① 林蕙青. 一流大学要办好一流本科教育 [N]. 光明日报,2016-05-17(013).

② "2016 年中国高等教育学会学术年会暨高等教育国际论坛"在广西南宁隆重召开 [EB/OL]. http://www.hie.edu.cn/news_12577/20161031/t20161031_993448.shtml.

③ 田延辉,邓晖. 培养什么样的人 办什么样的大学——对话教育部党组书记、部长陈宝生 [N]. 光明日报,2016-12-29(009).

④ 龚放. 事业心 大局观 创造性——从"835 建言"看匡亚明的战略决策特点 [J]. 南京大学学报,2006(04):9-12.

⑤ 陈学飞. 理想导向型的政策制定——"985 工程"政策过程分析 [J]. 北京大学教育评论,2006(01):145-157.

合向中央建议实施"建设世界一流大学计划",方才成就了后来的"985 工程"项目。[①] 这个决策过程充分彰显了北京大学决策的高智慧:与清华大学签订战略协议,并共同向中央建议,大大增加了政策建议被采纳的胜算。

此后,有一定渊源的大学或同类型大学结成联盟的现象增多,如"九校联盟(C9)"的成员是国家首批"985 工程"重点建设的九所一流大学。

3. 高校向政府"请示授权"

对于国家发布高等教育政策,研究型大学需要认真学习,充分领会;对高校希望得到的扶持政策要创造条件、尽最大努力去争取,与政府相关政策部门保持沟通,做到信息对称。高校领导对一些关乎高校发展的重大改革,或者是校园土地诉讼、周边环境综合治理等问题,可在改革或实施有关行动前提前与主管部门沟通,赢得政府部门的支持,以减少改革或行动的阻力,避免引起一些不必要的麻烦。

第三节　研究型大学与市场的互动

在知识经济时代,研究型大学走向了社会的中心,它被赋予了更多的社会责任。同时,研究型大学规模不断扩张,需要越来越多的办学资源来支撑。尤其是当研究型大学成为巨型组织后,维持其持续健康发展需要从不同渠道获得更多的办学资源,包括从市场中获取资源。研究型大学要想从市场中获取资源,就需要满足市场需求。社会共生论认为,研究型大学与市场"和合"则两利。

大学办学资源越充足,发展就越有底气。大学办学资源既包括物质资源(人、财、物),也包括社会资源(社会声誉、社会网络)。为大学提供物质资源的组织或个人往往也能够提供一定的社会资源。如组织或个人认可大学提供的服务(高质量的毕业生、高水平的智力支持等),通过口碑传播,可以在一定程度上令更多的组织或个人认可该大学,帮助该大学提高社会声誉。同时,向大学提供社会资源的组织或个人在与大学的互动过程中也往往会给予一定的物质支持。

为了便于论述,本书分开讨论研究型大学与市场的关系、研究型大学与社会的关系。前者重点讨论研究型大学在与市场的互动中获取办学的物质资源,后

---

① 李倩,汤继强. 一介书生陈佳洱 [N]. 中国教育报,2013-12-21(004).

者重点论述研究型大学履行社会责任时获取办学的社会资源。如果将研究型大学接触的市场称为一个独特的场域,那么场域中的行动者有哪些呢? 这里主要论述研究型大学与企业、科研院所、同城同类大学的互动。

一、研究型大学与企业的互动

研究型大学与企业互动的主要表现为研究型大学为企业提供人力、技术、智力支持。

(一)研究型大学对企业的支持

1. 人力支持

研究型大学需要根据市场变化即企业对人才的需求变化及时调整教学内容和研究内容,不断呼应市场需求,培养就业竞争力强的拔尖创新型人才。例如,在 5G 网络时代,如果大学继续讲授 4G 内容则会与市场需求脱节。可以预测,未来毕业生在知名企业担任高管、高级工程师的人数将是评价研究型大学就业竞争力的一项重要显性指标。

2. 技术支持

研究型大学中的理工类专业可以坚定地走产、学、研道路,发挥大学在技术创新中的优势。当然,需要大学设立相应的机构来辅助和完善相应的评价制度。美国麻省理工学院(MIT)的技术转化活动取得了瞩目的成绩,这与其校内技术转化机构的设立和运作是分不开的。MIT 设有技术许可办公室、产业联络规划办公室、资助项目办公室。这些机构的运行由明确的政策法规指导,相互协调、促进,形成一个完整的技术转化体系。由于各机构配备专业化的工作人员,使 MIT 在技术转化活动中常处于主动地位。[1]

3. 智力支持

研究型大学中的文科类专业在技术创新方面优势不太突出,但是可以发挥文科自身的学科优势,如借助经济学、法学、管理学等多学科优势,为企业发展提供咨询服务和教育培训服务。

---

[1] 杨红霞. 架构大学与市场的桥梁:美国大学技术转化机构——麻省理工学院的个案研究 [J]. 科技管理研究, 2008(07): 253-255.

（二）企业参与办大学

企业办大学和校企合作办学有很大的区别。前者的办学主体是企业,后者的办学主体是高校或者高校在办学中发挥主导作用。

1. 企业办大学的主要类型

第一,获得教育部认可,有学位授予权。例如,长江商学院[①]于 2002 年 11 月由李嘉诚基金会捐资创办,是国务院学位委员会批准的"工商管理硕士授予单位",主要侧重于 MBA、金融 MBA、EMBA、高层管理教育四个项目。

第二,培训企业员工,无学位授予权。例如,华为大学于 2005 年成立,旨在将华为打造成学习型组织。华为大学实行内部讲师制,很少有专职的老师,外聘讲师只是辅助,老师主要是来自公司一线的优秀管理人员和技术专家。[②]

第三,带有一定营利性质的民办培训机构,无学位授予权。例如,2015 年成立的湖畔大学,由马云担任校长。该大学的办学目标是发现和培训创业者。[③]

2. 校企合作办学的主要类型

第一,高校主导型,短期培训,不授予学位。这种形式是众多高校对校外人士进行培训的常见形式。

第二,企业主导型,有一定的学位授予权。例如,2000 年吉利集团创办的北京吉利大学,实际上是民办二级学院;2014 年该校升格为本科高校,更名为北京吉利学院。[④]

第三,社会力量主导型。如浙江西湖高等研究院。

二、研究型大学与科研院所的互动

研究型大学与科研院所可以互相补充,拓展研究的深度和广度。科研院所往往专注于某一个领域的研究,重应用研究;研究型大学具有多学科的研究优势,重理论研究。

---

① 长江商学院简介 [EB/OL]. http://www.ckgsb.edu.cn/about/pages/70.
② 葛明磊,张丽华,郭子豪,杨舒文.企业大学设计模型的再思考——来自华为大学的案例研究 [J]. 中国人力资源开发,2016(18):27-34.
③ 湖畔大学 [EB/OL]. http://www.hupan.com.
④ 北京吉利学院 [EB/OL]. http://www.bgu.edu.cn/xxgk/index.html.

实际上,有三种力量推动着研究型大学与科研院所互动:① 高校与科研院所的相同或相近的优势学科专业自发结盟。这种"强强联合"主要取决于研究型大学与科研院所治理者的智慧和远见卓识,往往是两个组织的负责人先有交集,后来互相欣赏,继而推动组织合作。② 国家层面推动。例如,2012 年 3 月教育部、财政部联合颁发的《关于实施高等学校创新能力提升计划的意见》(教技〔2012〕6 号,简称"2011 计划")强调汇聚社会多方资源,大力推进高等学校与高等学校、科研院所、行业企业、地方政府以及国际社会的深度融合。[①] ③ 地方政府推动。许多省市出台了促进高校与科研院所协同创新的办法。

研究型大学与科研院所的互动形式主要包括:①联合培养人才,主要以研究生教育为主。二者的互动实现了"双赢"——科研院所获得了更高质量的生源;完善了双方的学科专业体系;双方联合进行创新型、复合型人才培养,最终使学生受惠;可以进一步提升学生的自主创新能力和实践能力。②研究型大学吸收科研院所专家参与重大项目、平台、基地的申报。

三、研究型大学与同城同类大学的互动

市场的特性除了竞争还有合作。研究型大学与同城同类大学除了在重大学科平台、科研项目、优质生源等方面存在一定的竞争关系外,更应该互助合作,取长补短,资源共享。研究型大学与同城同类大学合作,可以避免重复劳动,节约创新的时间成本,尤其是同类院校之间更需要良性竞争。

四、多方市场主体"强强联手",协同创新

有学者担心研究型大学与市场频繁互动、过分依赖市场资源会使大学的发展丧失应有的理性。在全球化、信息化时代,如果自我封闭、偏安一隅,就只能被市场抛弃。研究型大学既要与市场保持必要的互动,又必须保持足够的理性,提升自觉抵制负面影响的智慧和能力。

研究型大学要与企业、科研院所、同城同类大学进行一对多、多对多的多种形式互动,搭建产、学、研协同创新发展平台,构建科技文化企业孵化器。在人才培养方面,尤其是一些应用性较强的课程,可以聘请企业高管、科研院所研究人

---

① 关于实施高等学校创新能力提升计划的意见 [EB/OL]. http://www.moe.gov.cn/srcsite/A16/kjs_2011jh/201203/t20120315_172765.html.

员到研究型大学担任导师,使研究型大学的创新创业教育与企业、科研院所进行的攻关项目无缝对接。当然,研究型大学与企业、科研院所等多方主体协同创新之前需要对合作方向、合作内容进行仔细论证,避免协同创新合作走过场。

第四节　研究型大学与社会的互动

21 世纪,研究型大学逐渐走向社会的中心,尤其是世界一流大学、世界一流学科将成为高等教育发展的轴心。研究型大学与社会的良性互动必将推动社会发展,加速世界的现代化建设进程。研究型大学与社会的互动,既是研究型大学提高社会声誉、获得社会资源的应然路径,也是履行知识分子聚合组织促进社会发展的社会责任。

一、研究型大学的社会责任

在知识经济、全球化时代,研究型大学作为社会子系统之一,其作用将更加重要,承担的社会责任将更加明确,包括政治责任、经济责任、文化责任和国际责任。[①]

(一)研究型大学的政治责任

知识无国界,但教育有疆域。国家的发展离不开教育和人力资源的坚强支撑,故而有"百年大计,教育为本""十年树木,百年树人"之说。每个国家发展教育尤其是高等教育的初衷主要是:第一,为国育"英才"。研究型大学要为国家培养大批德、智、体、美、劳全面发展的合格建设者和可靠接班人,促使国家健康、持续、和谐发展。第二,为世界育"将才"。研究型大学要造就一批在国际上掌握话语权和制定国际规则的倡议者和领导者,即能够促进世界和平、推动人类命运共同体建设的"将才"。同理,中国研究型大学必须为本国培养合格的建设者和可靠接班人、为世界和平培养倡导者和领导者。

---

① 刘经南. 研究型大学要培养有根的世界公民 [N]. 中国教育报,2008-10-16(009).

（二）研究型大学的经济责任

国家经济的健康快速发展需要有充足的人力资源和能够引领或紧跟世界潮流的科技优势。一流研究型大学的经济责任是指用先进的知识武装每一代青年，使其能根据自身兴趣在相应行业成为佼佼者、卓越的创新者。前文提及，理工类专业尤其要发挥科技优势，通过产、学、研结合激发技术创新，促进创新驱动和提高生产力。

经济、科技的快速发展必然会引发新的社会问题，文科类专业尤其是经济类、法学类、管理学类学科必将大显身手。为解决新的社会问题，研究型大学应积极发挥多学科、多人才的优势，为政府制定或修订政策提供强有力的智力支持，提出具有前瞻性的决策参考报告。高校里不乏担任人大代表或政协委员的大学教授，研究型大学要积极引导教授们发挥自身优势参政议政、参与地方经济法治社会建设。

（三）研究型大学的文化责任

研究型大学的文化责任主要是指其文化传承创新责任。自古以来，知识分子始终是开启民智、引领社会文化进步的先锋，在社会发展中发挥着不可替代的作用。中国的研究型大学既要传承中华民族优秀文化，还要注意汲取其他民族文化有益的养分，使其与本土文明融合创新，产生有影响力的世界新文化，促进人类社会精神文明的整体提升。

（四）研究型大学的国际责任

研究型大学以研究高深知识和培养卓越人才为己任，尤其是"双一流"高校中聚集着最优秀的教师和最优质的生源群体，因此，应该承担更多的社会责任，包括承担更多的国际责任。

具体而言，研究型大学需要有全球视野，在人才培养、科学研究、社会服务、文化传承与创新、国际交流与合作等方面承担更多的国际责任。此外，大学教师可以积极在媒体上发声，提出真知灼见，发挥开启民智、普及科学知识的作用。

二、研究型大学与区域、城市、社区的互动

当高等教育发展进入大众化阶段，高等教育就会成为促进区域发展的重要

抓手。高等教育对促进区域、城市发展,提升人民的幸福感发挥着重要的作用。

(一)研究型大学参与区域发展

研究型大学对区域发展起着重要的支撑作用,为区域发展培养高水平人才是其重要任务。研究型大学的人才培养需要兼顾各种层次、各种类型,以满足全球、本国、区域建设与发展的需要。其中,为促进区域建设和发展,研究型大学在人才培养方面需要研判区域经济科技文化特色、发展短板和需求,有针对性地设置相关教学内容,与地方特色相融合。

(二)研究型大学参与城市发展

大学是城市的名片。读书人向往一座城市,通常会念及那里的著名高等学府。研究型大学从多个方面对城市发展发挥关键的支撑作用:为城市经济、文化和民生等领域发展发挥高端智库和政策咨询作用;积极开展原创性科学研究,赶超、引领世界技术革新;促进产、学、研、用结合,加快成果转化,支撑城市产业发展。研究型大学与城市的互动,有利于加快城市的现代化、国际化、生态化建设。

(三)研究型大学参与社区发展

目前,我国的社区普遍采用网格化管理,高校也是社区网络中的一员。研究型大学,尤其是正在建设的世界一流大学、一流学科高校更应该成为社区精神文明建设的典范,充分发挥高级知识分子的示范效应,提升社区人员的整体素质。

同时,研究型大学可充分发挥自身的人才和学科优势,与社区开展多种形式的互动。例如,举办各种公益讲座,普及科学知识;为社区弱势群体提供救助,形成公正、客观的研究报告,并通过担任人大代表或政协委员的教授积极反馈给政府有关部门。

三、研究型大学与大学理事会成员、支持型校友的互动

研究型大学处在社会网络当中,与外界的交流自然不可少,因而校友圈越来越被高校所重视。很多高校纷纷加强了对校友会的建设,并积极为校友提供帮助。

高校治理者需要树立"大校友观",即所有关心、支持本校发展的人士都应被视为校友。具体而言,包括三大类别:学位校友(Degree Alumni),在本校获得

学位的毕业生；非学位型校友（Non-degree Alumni），在本校没有获得学位的毕业生或是曾在本校接受过培训、工作过的人士；朋友或准校友（Friends or Associate Alumni），没有在本校接受过培训，但关心和支持本校发展的人士。①

2014 年 7 月，教育部颁布的《普通高等学校理事会规程（试行）》规定，大学理事会一般不少于 21 人，分为职务理事和个人理事。② 研究型大学需要以"大校友观"来经营理事会，使理事会成员自觉地以最大努力支持高校发展。

既能认同个人的成功与母校有很大的关系，又愿意采取某种方式回馈母校的校友称之为"支持型校友"（Supportive Alumni）。这类校友除了向其母校捐赠外，还向母校提供其发展所需的各种资源，诸如智力、信息、舆论、道义等方面的支持。研究型大学需要健全校友组织机构和运行机制，为校友提供适宜的服务，体现母校对校友的关爱之情，才能培育更多的支持型校友。③

四、研究型大学与第三方组织的关系

（一）研究型大学要理性看待第三方评价

目前，对大学的各种第三方评价层出不穷，但主要侧重于科研。然而，立德树人才是大学的根本任务，研究型大学需要保持育人初心，理性看待第三方评价：评价高时淡然处之；评价低时"不必着急上火"。首先要确定该评价指标是否合理。如果评价指标合理，就看短板是近期可以克服的还是需要长期努力才能克服的。对于长期努力也不能克服的短板就可以放弃建设，转而培育其他特色项目，形成新的竞争优势，从整体上提高高校的综合实力。只要高校内部全体人员始终朝着战略规划制定的发展愿景前进，以习近平总书记所提倡的"踏石留印、抓铁有痕"的劲头干事业，持续深化改革，积极进取，定能百尺竿头、更进一步。

（二）积极争取各种学会、协会的支持

研究型大学的发展离不开相关专业学会、协会的支持，专业学会、协会的发展也需要研究型大学中高水平学者的支撑。研究型大学中的学者在学会、协会

---

① 魏署光. 美国院校研究中的校友研究 [J]. 高教发展与评估，2012，28（03）：73–76，123.

② 普通高等学校理事会规程（试行）[GB/OL]. http://old.moe.gov.cn/publicfiles/business/htmlfiles/moe/moe_621/201407/172346.html.

③ 罗志敏. 世界一流大学建设需要培育"支持型校友"[N]. 光明日报，2015–12–01.

举办的高端论坛上发声，能够为高校获取良好的学术声誉和资源支持。

美国大学联合会（Association of American Universities，AAU）成立于1900年。AAU不仅为高校提供了商讨高校政策的平台，通过制定院校治理与科研管理方面的规则来规范美国主要研究型大学的运行与管理；[①] 同时，AAU还积极促进其与成员大学之间的国际合作和交流；与其他国家的高等教育协会、联合会合作。[②]

同样，成立于1983年5月的中国高等教育学会为中国高等教育的发展也做出了贡献。作为全国性的社团组织，中国高等教育学会是党和政府联系广大高等教育工作者的桥梁和纽带，充分发挥了联系渠道广泛、专家资源丰富、体制机制灵活等优势，积极组织了一系列重大活动。

五、研究型大学与"家校合作"

一些人认为，大学生已然成年，大学教师只需教好专业知识即可，并未将立德树人作为大学教育的重要任务。实则不然。首先，大学生作为社会个体，保证其拥有健康的身心才是最重要的。其次，家庭对独生子女的溺爱，使得少数独生子女成了"垮掉"的一代。然而，单纯将维持大学生身心健康的责任推给大学，则又走向了另外一个极端。家庭和高校应联起手来，通过"家校合作"促进大学生形成正确的价值观、人生观和世界观，使其能自觉践行社会主义价值核心价值观才是解决问题的正确途径。

大学生的社交对象除了老师、同学、朋友外，联系最多的就是家人。研究型大学需要充分借助信息化手段，搭建大数据家校合作系统，为家庭开放通道，让学生家长通过信息通道及时反馈学生的不良情绪和动态，防止学生伤害事件发生。每一例学生恶性伤害事件发生之后都可能同时毁掉几个家庭。

---

① 王占军，翁晚平. 美国大学联合会对联邦政府政策游说探析 [J]. 复旦教育论坛，2016，14（04）：95−100，107.

② 约翰·沃恩，杨曦. 促进国家和全球利益：美国大学联合会的作用 [J]. 清华大学教育研究，2008（01）：6−9，32.

第五章
研究型大学品德教育与精神现代化

品德教育是素质教育最核心的引擎,不培养有才无德的"危险品"是教育的基本要求。研究型大学,尤其是世界一流大学应该自觉成为践行社会主义核心价值观的楷模。如果作为高深知识生产的组织背弃道德,将会危害整个社会乃至人类。

第一节　大学人的品德教育缺失及其原因

一、少数大学人道德失范

在现实生活中,一些人过分强调自身的发展,甚至为了自身的发展以身试法伤害他人,出现道德失范现象。大学人的道德失范与国家、社会对大学人和高等教育的期许相差甚远。

(一)少数大学人德性的丧失

尼采说,许多人愿意把精力放在对"有利可图的真理"的追求上,因为"能够直接带来薪金和职位,或者至少能够讨好那些分发面包和荣誉的人"。① 所以个别大学老师"重科研轻教学""忙着申请项目",学术行为不端,甚至因科研经费触犯法律。尼采批评一些教师"与文化打交道时并不怀着纯洁无私的信念",进行

---

① 〔德〕弗里德里希·尼采. 作为教育家的叔本华 [M]. 周国平,译. 南京:译林出版社,2014:74.

着"精致的利己主义"教育,培养着以求尽快成为"赚许多钱的生物"。① 其结果是,一些学业(智识)成绩优秀的学生往往弃"祖国母亲"而去,奔向那些能给他带来经济上高回报的国度。据 2013 年中国统计年鉴数据显示,2000 ~ 2012 年我国出国留学人员累计为 2309745 人,学成回国留学人员累计为 976674 人,回国率不足 43%。其中,2002 年我国出国留学人员的回国率不足 15%(17945:125179),2011 年、2012 年的回国率分别超过 50%、60%。

(二)少数大学人"恶性"的张扬

相比第一类人而言,那些用暴力或投毒等方式残害他人生命,"用自己的知识去追求邪恶的目的,或去压制他人的自由"② 的人更为可怕。马加爵案、药家鑫案、黄洋中毒案等案件中的杀人者、施毒者,其手段残忍及对生命的漠视让人震惊。尊重生命的做人底线已然被一些大学人忘记。"感谢室友不杀之恩"③ 成为教育的最大的讽刺。主流媒体评论道:"有外在知识无内在约束,教育应反思","教育的本质不仅在于知识的传授,更在于心智的健全和人格的丰满;大学教育重学术更要重人格,让学生懂得去爱去尊重去包容"。④ 学生伤害事件的发生除了会给双方家庭带来巨大的灾难与痛苦之外,也是对国家教育资源的浪费! 但我们相信绝大多数学生是"可爱、可信、可贵、可为"⑤ 的,如大学生救落水者而牺牲等新闻频频见诸报端。

那么面对上述两类失德的大学人,大学应该怎么办? 有人说,品德教育应该在幼儿时期和家庭教育里完成,大学不该承担此义务,即便承担也难有成效。然

① 〔德〕弗里德里希·尼采. 作为教育家的叔本华 [M]. 周国平,译. 南京:译林出版社,2014:63-64.

② 〔日〕池田大作,〔意〕奥锐里欧·贝恰. 二十一世纪的警钟 [M]. 卞立强,译. 北京:中国国际广播出版社,1988:211.

③ 复旦投毒凶手冷静受访:文科书看的少 思维是我的弱点 [EB/OL]. http://news. ifeng. com/mainland/special/fdtoudu/content-3/detail_2014_02/18/33939247_0. shtml#_from_ralated.

④ 反思"复旦投毒案"中的舆论表现 [EB/OL]. http://yuqing. people. com. cn/n/2014/0224/c364176-24444475. html.

⑤ 习近平. 习近平谈治国理政 [M]. 北京:外文出版社,2014:166.

而,社会学家布尔迪厄说,大学生既是教育的用户,又是它的产品。① 2010 年曾就读于中国人民大学的张磊捐款 8888888 美元给耶鲁大学,称耶鲁管理学院改变了其人生,引发舆论对中国教育品质的讨论。② 张维迎说:有作为"客户"的校友忠诚到如果某所大学由于某种原因被关闭了,他们仍然有很大的积极性致力于这所大学的恢复。③ 既然如此,大学就有必要为自己的"产品""客户"和教师增加一些服务,积极引导和倡导师生"明大德、守公德、严私德"④!

二、大学人失德在于品德教育的缺失

克里希那穆提认为,一旦金钱成为生活中的主导因素,生活就会失衡。⑤ 为了能获得一份体面的工作,或攻读高一级学位以期未来能争取到更多的发展机会,一些大学生心无旁骛地刻苦学习"知识"。为了帮助学生达成愿望,一些大学教师同样也在努力地讲授"知识"。有的大学教师、辅导员、管理人员不反省失德的危害,却着力进行"单向度"的"知识"教育,造成对学生的品德教育、美育等缺失。那么,大学品德教育缺失主要有哪些表现呢?

(一)一些教师成为知识"杂货商",对品德教育有心无力

在访谈中,有些教师认为,自己的责任是把课教好,课堂不是道德培训场所,学生的思想问题应该由政治品德教师负责。莫柏莱认为,大学教学生如何制作炸弹或建筑教堂,却不教他们在制造炸弹或建筑教堂二者之间如何选择。如今一些教师认为,他们所要教的就是绝对精确的知识,有关为人处世、伦理道德和生活作风等方面的知识与自己关系不大。若果真如此,则正如阿什比所说,师生关系倒退成教师单纯出售知识与技术的关系,变成顾客和杂货商之间的缺乏人

---

① 〔法〕布尔迪约,帕斯隆. 继承人——大学生与文化 [M]. 邢克超,译. 北京:商务印书馆,2002:1.
② 捐 888 万 8888 美元给母校 耶鲁毕业生引起网上热议 [EB/OL]. http://news. ifeng. com/opinion/topic/yelujuankuan/201001/0112_9213_1507699. shtml.
③ 张维迎. 大学的逻辑 [M]. 北京:北京大学出版社,2012:117.
④ 习近平. 习近平谈治国理政 [M]. 北京:外文出版社,2014:173.
⑤ 〔印〕克里希那穆提. 教育就是解放心灵 [M]. 张春城,唐国权,译. 北京:九州出版社,2010:1.

性的关系。①事实上,在我国的高校中,一些教师上课铃响才步入教室,下课铃响便走出教室,与学生交集较少,除非学生主动找其咨询问题。

在有的高校中,站在本科课堂上的主要是两类老师:青年教师与即将退休的教师。有的有"门路"的教授忙着在外赚钱,致使一些青年教师成了"教学民工"。有的高校青年教师反映,其每学年教学工作量有时超过400课时。即便自己想在课堂上"传道",也心有余而力不足,在一定程度上会影响教学进度并且收效甚微。

(二)一些辅导员产生职业倦怠感,对品德教育力不从心

大学专职辅导员兼有双重身份,既是高校行政管理干部,又具有"教师属性"——评上讲师、副教授、教授职称即可兑现待遇。辅导员群体主要由两部分人员构成:一部分人员是刚毕业的研究生,工作经验较少,较难很好地处理突发状况;另一部分是已经在辅导员岗位坚守多年的人员,学生管理经验丰富但经历了职业初期的兴奋之后往往会陷入迷茫②,其往往由于自身和高校对其职业发展缺乏合理规划,从而形成职业倦怠感,只求学生不出事、平安毕业。

辅导员队伍工作强度很大:手机24小时开机,以便随时应对学生群体中的突发状况。目前,我国高校中的大多数辅导员对学生问题的处理方式是:事中干预、事后提醒,而事前疏导则不够;重在"管人",非"育人"。同时,多数辅导员管理的学生人数为200～300人,繁忙的管理实务使他们对学生进行思想品德教育的机会较少。即使发现个别学生有心理问题,他们通常选择将学生送到学校心理咨询中心——既比较省心又在一定程度上规避自身干预失败所要承担的责任。因此,对大学生个体的思想品德教育在一定程度上形成了"真空"状态:教师不想管、辅导员无力管。对大学生进行品德教育的形式较多采用召开班会或者组织一些集体活动,由于缺乏针对性,收效甚微。此外,由于认识上的局限性,我国的大学生很少自愿地、主动地到心理交流中心咨询,由此埋下了发生不良事件的隐患。

三、大学品德教育主体缺位的内部原因

人们一般认为,"趋利避害"是人的本性。西方经济学家强调"理性经济人

---

① 〔英〕阿什比. 科技发达时代的大学教育 [M]. 滕大春,滕大生,译. 北京:人民教育出版社,1983:86.

② 陈娟. 从组织职业生涯管理看高校辅导员队伍建设 [J]. 江苏高教,2012(02):68-69.

假定"，认为经济决策主体追求的目标是使自己的利益最大化。作为大学里承担品德教育的责任主体——任课教师、研究生导师、辅导员，有哪些诱因导致他们决策时忽视品德教育，违反学术道德和职业道德呢？

（一）教师评价体系不科学

高校教师的职称晋升通常看重教师的科研能力，因为科研比教学更容易进行量化比较。只要不发生教学事故，最易比较的标准是参与竞争者的核心期刊论文数量、"两金"（国家社科基金、国家自科基金）课题数量等。

学界认为，研究型大学里的教师应该重视科研，并将科研成果反馈到教学当中，使学生受益；承担公共课教学任务的教师、非研究型大学里的教师则可降低科研要求。科研评价直接影响着教师的晋升和收入。解决这个问题的方法在于强化大学教师的分类管理。我们建议实施"异岗同酬"，将教师分为教学型、教学研究型、研究教学型、理论研究型、实务研究型等多种类型[①]，聘期结束后教师可结合自身科研实力与精力，自主选择继续聘任同类型或转为其他类型。只有通过职业分流，使教师各得其所，教师才能静心教学或潜心研究，才能给予学生更多的品德教育和人性关怀。

（二）辅导员职业缺乏长远规划

尽管教师评价体系不科学，但是一些专职辅导员在攻读博士学位后依旧选择转成专任教师或转到职能部门。个中原因大致包含：第一，一些专职辅导员由于攻读博士学位而喜欢上了教学和做学问。第二，大学生当中的独生子女较多，有些学生比较娇气、抗压能力弱，导致辅导员工作压力大进而萌生转岗念头。第三，"僧多粥少"导致辅导员职务晋升通道狭窄。辅导员队伍中不乏年过半百者，他们的资历往往使年轻辅导员在职员制竞争中处于劣势；在职务晋升中同辈间的竞争也很激烈，无形中增加了上升的时间成本。

一些高校对辅导员队伍建设缺乏长远规划，被动落实上级要求开展的工作，思想政治工作的重心是"维稳"。因此，一些辅导员对职业发展"迷茫"，丧失工作激情，加之任务繁重，就更疏于对大学生进行品德教育。笔者建议采取以下方

---

① 郭华桥. 研究型大学智库建设模式与困境突围——基于"学者"使命的视角［J］. 中国高教研究，2014（05）：50-57.

法改变这一现状：比照公务员职务职级晋升通道，对辅导员开辟职务、职级、职称三种上升渠道，以使辅导员能安心工作。

（三）导师责权定位不清晰

2010 年，教育部《关于进一步加强和改进研究生思想政治教育的若干意见》（教思政〔2010〕11 号）[①]指出："导师负有对研究生进行思想政治教育的首要责任"，"要把育人作为遴选研究生导师的必要条件，实施'一票否决'制"。"首要责任"自然包括品德教育。按照该意见，林森浩投毒后其导师应暂停招生。但如果真的执行，恐怕会有人为其导师叫屈。因此，林森浩批捕后鲜有媒体报道其导师接受了什么处分，笔者未能查到相关资料。

《关于进一步加强和改进研究生思想政治教育的若干意见》（教思政〔2010〕11 号）强调，高校"要积极构建研究生导师育人的有效机制，完善相关政策，明确导师的责任与义务……要制定导师教书育人工作的考核奖惩办法"。但在实际工作中，一来导师的权益不明确，二来对导师的责任与义务并未出台办法完善，因此，导师对研究生的品德教育通常会出现两种状况：一方面，有责任的导师会以个人对学术、对生活的行为规范去影响研究生，有时直接通过语言规劝研究生；另一方面，不负责任的导师自然忽视对学生的品德教育，甚至利用导师身份对学生做出有违常理的事情。因此，应在认真执行"红七条"的前提下，切实制定出权责清晰、奖惩明确的导师考核制度。

（四）警惕片面重视就业率的不当影响

2013 年 11 月，教育部办公厅要求各高校自 2013 年起向社会发布毕业生就业质量年度报告，以敦促高校学科专业设置与社会需求相匹配。[②]该政策的正向功能在于促使高校优化人才培养模式，使高校采取积极措施，加强大学生就业指导工作，提高大学生就业率；负向功能是一些院系会基于"面子"而造假。

2014 年 3 月下旬，教育部副部长鲁昕参加"中国发展高层论坛 2014"时表示，将由市场来决定一些就业率永远在 50%、60% 左右的高校倒不倒闭，同时要大力

[①] 关于进一步加强和改进研究生思想政治教育的若干意见 [EB/OL]. http://old. moe. gov. cn//publicfiles/business/htmlfiles/moe/s6875/201210/142974. html.

[②] 教育部办公厅关于编制发布高校毕业生就业质量年度报告的通知 [EB/OL]. http://www. moe. gov. cn/business/htmlfiles/moe/s3265/201311/xxgk_159491. html.

发展职业教育。① 其目的是促使高校科学定位、凝练特色，进一步回应社会需求，使人才培养方向与市场对接，提高大学生的就业率和就业质量。但高校在发展过程中，也要避免因片面追求就业率而忽视了人文教育。

但是，引起市场变化的因素太多，也不易控制。当某一行业内的从业人员达到饱和状态时，学生的就业率自然会下降；当从业队伍出现老龄化形成断代时，短时间提供的就业机会又会增多。同时，当国家政策重点扶持某一行业时，则该行业的就业岗位会增多；当某行业遭遇突发危机事件时，则就业岗位可能锐减。例如，金融危机爆发令一些公司破产而导致就业岗位减少。更重要的是，人才培养、专业建设、学科发展都是一个持续的过程，偏废一门学科、一个专业容易，而恢复却需要漫长的时间。政策宏观导向是正确的——提升教育质量，提高就业率，但高校"不能只见树木不见森林"，切不可单纯追求就业率，而忘记教育的根本任务是立德树人。教育部颁布的《关于全面深化课程改革 落实立德树人根本任务的意见》强调，大学教育要以课程为抓手，重在立德树人。常青藤联盟录取学生时，特别强调，无社会责任感、不懂回报他人、缺乏自我独立意识的孩子不是他们要的"精英"！②

社会学家布尔迪厄认为，每个场域都规定了各自特有的价值观，拥有各自特有的调控原则，这些原则界定了一个社会构建的空间。③ 教师评价体系不健全、专职辅导员职业发展缺乏长远规划、导师权责不清晰、片面重视就业率等使得大学品德教育主体在一定程度上缺失。

尽管笔者提出了一些解决办法，但也深感这只是"头痛医头、脚痛医脚"，解决大学人品德缺失的根本措施在于重塑社会信仰和社会信任体系，从大学的"外场"进行干预。

四、大学品德教育主体缺位的外部原因

一种行为失范往往有其自身的内部原因和外部原因。对于大学品德教育缺

---

① 教育部副部长鲁昕3月22日在"中国发展高层论坛2014"上的讲话[EB/OL]. http://www.sdsxyz.com.cn/dt/sk/2014-04-03/2719.html.

② 宫留记. 资本：社会实践工具——布尔迪厄的资本理论[M]. 开封：河南大学出版社，2010：271.

③ 〔法〕皮埃尔·布迪厄，〔美〕华康德. 实践与反思——反思社会学导引[M]. 李猛，李康，译. 北京：中央编译出版社，1998.

失的分析,需要将视角从大学内部场域扩展至整个社会大场域,考察社会信仰和社会道德的现状。

社会结构化理论认为,作为社会行动者的个体,我们的行为受社会结构(规则和资源)的约束或影响。[①]其中,"规则"可理解为广义上的制度(政治、经济、法律、文化等制度)、现实生活中形成的各种规则,但需警惕"潜规则"的不当诱使;"资源"则分为权威资源和可分配资源。大学受社会"外场"的影响,主要有哪些表现呢?

(一)高等教育社会评价机制尚不健全

当前社会评价大学的核心竞争力主要参考两类指标:国家级的重点学科和基地等重要平台的数量;院士、长江学者等高层次人才的数量。而评选重要平台和高层次人才又主要考察发表在权威期刊的论文数量、"两金"(国家社科基金、国家自科基金)课题数量等。同时,目前流行的大学排名、评估体系的主要评价指标也多倾向于高校科研水平,甚至有人认为世界大学排名与教学质量关系不大。[②]人才培养虽然一再被强调是大学的根本任务,但其成效显现较慢,多数学生成为杰出的校友需要一个成长和历练的过程。相对而言,科学研究由于论文发表、基金项目数据采集较简单而被普遍采用。因此,大学"重科研、轻教学"几乎成了公开的秘密。

教育财政投入是公办高校办学经费的主要来源之一,并被视为不可或缺的重要资源,而财政拨款的多少通常依据高校的层次和级别。高校层次和级别大多由科研实力来决定。重科研的"蝴蝶效应"使一些高校为了提升在同类院校之间的竞争实力,不断提高对教师科研的要求,希望教师尽最大努力在权威期刊多发论文,这种现象被有的学者称为"学术资本主义"导向,即"从大学的教育、科研和服务的核心职能中创收,追求利益的最大化正在成为组织和个人行为的基本出发点和终点"[③]。不合理的社会评价机制驱使一些大学管理者如法炮制不合

---

① 〔美〕乔纳森·H. 特纳 . 社会学理论的结构 . 7 版 [M]. 邱泽奇,张茂元,等,译 . 北京:华夏出版社,2006:449-462 .

② 赵琪 . 世界大学排名与教学质量关系不大 [N]. 中国社会科学报,2014-10-08.

③ 王英杰 . 大学文化传统的失落:学术资本主义与大学行政化的叠加作用 [J]. 比较教育研究,2012(01):1-7.

理的教师评价体制,对师生的品德教育往往无暇顾及,只求稳定和"不出乱子",从而将工作重心放在科研这种显性指标上,甚至以科研杠杆强迫教师任期内"非升即走"。

教育部学位办在2012年的第三轮学科评估中对评价体系进行了改革。首先,按照学科进行分类;其次,除了科研指标外,还增加了"师资队伍与资源、人才培养质量"和同行专家打分的"学科声誉"等指标。同时,国家取消了国家重点学科评审、"百优"论文评选。

(二)社会失德现象让品德教育的说服力疲软

大学素质教育是全面的教育,品德教育也不能缺失,否则就会造成这样的社会局面——"一些文盲可以保持纯洁的心灵和健全的世界观,而一些饱学之士却会用自己的知识去追求邪恶的目的"[①]。大学品德教育缺失一定程度上是受社会场域的一些歪风邪气等失德现象影响。社会失德让教育者包括导师、辅导员甚至学生家长对品德教育产生了怀疑。例如,个别腐败官员台上满口仁义道德、台下肮脏龌龊;不法商家违背商业道德,大量生产伪劣产品、劣质食品,屡屡欺诈消费者;文化界、娱乐界屡屡曝光的"贵圈好乱"现象;公共领域老百姓看病难、小孩上好学校难、老人跌倒不敢扶;等等。2013年"两会"期间,全国政协委员周新生发出了"尽量让国人不求人、少求人"的心声:原本正常靠制度、靠法制能办的事变得几乎事事求人;求人成为常态,破坏了公平、公正,恶化了社会风气,损害了社会道德以及党和政府的形象,毒化了国人的精神世界[②]。

高校、家庭教育孩子要诚实,有道德。若在现实中诚实地、讲道德地生活却会导致人变成失败者,那么品德教育就失去了说服力,会导致一些人为了适应现实而学习不诚实地生活。[③]

---

① 〔日〕池田大作,〔意〕奥锐里欧·贝恰. 二十一世纪的警钟 [M]. 卞立强,译. 北京:中国国际广播出版社,1988:210.

② 周新生. 尽量让国人不求人少求人 [J]. 环球人物,2013(07):18.

③ 〔日〕池田大作,〔意〕奥锐里欧·贝恰. 二十一世纪的警钟 [M]. 卞立强,译. 北京:中国国际广播出版社,1988:211.

第二节 社会道德失范呼唤素质教育

一、国家着力推动社会道德建设

邓小平同志是我国改革开放的总设计师,他倡导营造"尊重知识、尊重人才"的社会氛围,恢复高考,改变了千万学子的命运,也加快了中国现代化的进程。"科学技术是第一生产力。"在邓小平同志的支持下,1986 年 3 月国家出台了《高技术研究发展计划纲要》(简称"863"计划)。经过 20 年的发展,"863"计划从许多方面带动了中国科学技术的发展,进而提高了中国在国际上的影响。

改革开放时期,让一部分人、一部分地区先富起来,最终达到共同富裕的思想作为理论引导,激活了各行各业的潜力,使中国的生产力大大提高,走出了一条具有中国特色的社会主义道路。但是,"改革是摸着石头过河",相关制度建设仍处于摸索阶段。一些先富起来的人并未像期望的那样去带动后富,他们受西方享乐主义思潮影响,贪图物质享受,生活腐化,一度形成"一切向'钱'看"等不良社会风气。由于收入差距和分配不公的存在,导致社会贫富差距和社会矛盾加剧。

如果遵从道德者总是成为事实上的吃亏者,则民众会成为"沉默的大多数",助长道德失范行为发生。孙立平教授认为,结构多元的社会需要市场、政府和文化三个系统发挥不同的功能且相互配合。例如,市场的功能在于拉大收入差距,否则社会和经济会失去发展的动力;政府的功能在于调节收入差距过大;社会文化则需提倡对物欲的超越,维护公平和正义,方能形成和谐社会。那么,什么样的制度才算健全呢?孙立平教授认为,"必须通过社会中的制度安排,使不遵从道德者不但不能受益,而且还可能吃亏,道德重建才会有保证"[①]。

政府在重塑社会道德风气方面积极作为:一方面,探索市场经济发展规律,加强宏观调控;另一方面,完善社会主义法制体系,引导社会走向公平正义。例如,1980 年我国正式建立了个人所得税制度。

国家一边加强社会道德制度建设,一边积极营造健康的社会文化。2001 年9 月,中共中央印发的《公民道德建设实施纲要》(中发〔2001〕15 号)强调,要将中华民族的传统美德与体现时代要求的新的道德观念相融合,成为我国公民道

---

① 孙立平."道德滑坡"的社会学分析 [J]. 中国青年政治学院学报,2001(05):65-69.

德建设发展的主流,逐步形成与发展社会主义市场经济相适应的社会主义道德体系。① 2002 年 10 月,中央电视台推出的"感动中国"年度人物评选活动,在社会上引起了强烈反响。2006 年 3 月,中国共产党提出了"八荣八耻"的社会主义荣辱观。2006 年 10 月,党的十六届六中全会第一次明确提出"建设社会主义核心价值体系"。2012 年 11 月,我国明确了社会主义核心价值观,"富强、民主、文明、和谐、自由、平等、公正、法治、爱国、敬业、诚信、友善"。

特别是党的十八大以来,习近平总书记强调"以猛药去疴、重典治乱的决心,以刮骨疗毒、壮士断腕的勇气,坚决把党风廉政建设和反腐败斗争进行到底"②。政府通过对"老虎""苍蝇"一起打,形成了对腐败分子的高压态势,让人民群众看到了共产党人重塑社会道德风气的勇气和决心。

二、社会道德失范呼唤教育立德树人

纠正社会道德失范,既需要国家积极引导社会向善的风气,也需要从教育的本源来提高公民的素质。读书的目的的变迁折射出不同时代读书人的愿望有差异,"家是最小国,国是千万家",但读书的本质都是希望未来的生活更好。本部分重在分析文化、教育领域的变化和改革。

(一)读书理想的变迁

周恩来总理少年时代耳闻目睹国人在外国租界受洋人欺凌却无处说理、敢怒不敢言的社会现状时,立下"为中华之崛起而读书"的伟大志向,表达出为国家和民族奋斗终生的责任感和使命感。

在和平年代,老百姓读书的目的是什么呢?笔者生于 20 世纪 70 年代中期,长辈时常教导我们"万般皆下品,唯有读书高",不好好学习将来只能"种庄稼,风雨里一身蓑衣、一手牛、一手犁"。那时我们最大的愿望是:有饭吃,有书读。学生的练习本上印着"教育面向世界,面向未来,面向现代化"。

20 世纪 80 年代,许多人仍未充分理解"知识改变命运"这句话,笔者的小学

---

① 公民道德建设实施纲要 [EB/OL]. http://www.people.com.cn/GB/shizheng/16/20011024/589496.html.

② 习近平. 以猛药去疴、重典治乱的决心,以刮骨疗毒、壮士断腕的勇气,坚决把党风廉政建设和反腐败斗争进行到底 [J]. 党建,2014(02):1.

同学陆陆续续辍学,有的回家务农,有的外出打工。笔者庆幸父亲开明。在我尚读一年级时,大姐决定从初中休学,父亲煞有介事地专门召开了一次家庭会议。我们围成一个圈,大姐坐在中央的高板凳上,好像是正在开一场"答辩会"。父亲再三问大姐从初中休学是否真的想清楚了?大姐表示确实学不进去,想放弃。父亲只好无奈地依了大姐,并希望她将来莫后悔,还说想读书的都可以读,不分儿子和女儿。我之所以没放弃学习,继续"赖"在学校里,至今想来更多的原因还是觉得插秧太痛苦了,朴素地希望可以不插秧。在农田里插秧,总会遇到蚂蟥。它混在泥水里慢慢地靠近你的小腿,趁你不注意将你的皮肤咬破,然后缩作一团钻进去。等你感觉到小腿疼痛时,它已经得逞并将大半的身体藏匿到你的小腿里了,只剩一小节尚在外面。于是,我们只好用很大的力气在疼痛处猛拍,将其拍晕,然后把它扯出来,一股血从小洞口默默流出。我们顾不上疼痛,要赶快把秧插完,早点逃到田埂上。一块稻田的秧插完,我们总会拍死几只蚂蟥。读小学时,每学期班里总有几个同学辍学,进入初中继续学习的就更少了,好几个村的学生才汇集组成两个班级。初中毕业后,有的同学外出打工,有的同学去读了中专,有的同学升入高中。

我在 20 世纪 80 年代末 90 年代初才有了寒门子弟"跃农门"的意识。那时我刚升入初中。父亲是初中文化程度,也爱帮人出主意,同族乡亲遇到困难总喜欢找他商量,自然也愿意和他分享喜悦。那是盛夏的一天晚饭后,我和父亲在屋门前纳凉。一位年轻人走过来与父亲聊天。他们聊了很长时间,但年轻人说的一句话却深深地烙在我的心里:"听说自己考上大学了,插完秧我把最后一棵秧扔得远远的。"他的经历在告诉我:不想插秧就得考上大学。我还记得,有一年村子里有几位学生考上大学或大专,除了各自摆酒宴请同族乡亲和小学校长外,几家还联合起来连续放了一个星期的电影,甚是热闹。

在家乡,无论是小学老师,还是初中老师,他们常常告诫我们:无德无才是"废品",有德无才是"半成品",有才无德是"危险品",有德有才是"精品"。老师和长辈们为强化教育效果,偶尔还举例说明:希特勒是位超级演说家,但他挑起了第二次世界大战;牢里关的往往是没把聪明用在正道上的人。这句话对我影响深远:即便是做"半成品"也不要做"危险品"。

尽管随着时代变迁,读书的理想已然从拯救中华民族的大我,逐步转变为改善生活的小我,但有一点没变:做人要走正道。

（二）社会失德现象呼吁祛除教育工具理性，推行素质教育

1987 年 4 月 2 日，针对高校存在"重视智育，而忽视德育、体育、美育和劳动教育的偏向"，时任国家教委副主任柳斌首次提出："基础教育不能办成单纯的升学教育，而应当是社会主义的公民教育，是社会主义公民的素质教育。"① 自此，推行素质教育正式出现在官方话语当中，强调培养学生德、智、体、美、劳全面发展。

伴随着我国高等教育进入大众化阶段，大力发展素质教育也成为引导高等教育发展的一项国策。1995 年 9 月下旬，国家教委在华中科技大学召开"高等学校加强文化素质教育试点工作研讨会"，成立了"加强高等学校文化素质教育试点工作协作组"，并以此为切入点，全面推进我国高校的素质教育发展。1999 年 6 月，第三次全国教育工作会议通过的《中共中央国务院关于深化教育改革全面推进素质教育的决定》正式将"素质教育"写进官方文本，要求将素质教育贯穿于各级各类教育（包括高等教育）中。②

此后，"全面推进素质教育"多次出现在官方文件当中。2010 年颁布的《国家中长期教育改革和发展规划纲要（2010—2020 年）》多次强调全面实施素质教育，把立德树人和社会主义核心价值体系融入国民教育全过程，要求高校着力培养"信念执着、品德优良、知识丰富、本领过硬"的高素质专门人才和拔尖创新人才。2012 年，党的十八大报告强调"全面实施素质教育"，"把立德树人作为教育的根本任务，培养德智体美全面发展的社会主义建设者和接班人"。继而，十八届三中全会、四中全会通过的决定都强调教育要立德树人。2014 年 9 月，针对高校屡屡曝光的师德、学术规范、科研经费等方面出现的问题，教育部颁发《关于建立健全高校师德建设长效机制的意见》，明确规定了七条高校教师被禁止的行为。

通过对教育政策话语及政策文本的分析，可梳理出素质教育政策的演变过程。国家推行素质教育的政治期许可概括为"立德树人"，即希望高校师生成为高水平的"德者"与"智者"的聚合体，师者需是"学问之师，品行之师"③。素质

① 柳斌. 关于制订义务教育教学大纲的几点意见——在九年制义务教育各科教学大纲统稿会上的讲话 [J]. 课程·教材·教法，1987（07）：1-3.
② 中共中央国务院关于深化教育改革全面推进素质教育的决定 [J]. 中国高教研究，1999（04）：3-7.
③ 习近平. 习近平谈治国理政 [M]. 北京：外文出版社，2014：175.

教育应是德、智、体、美、劳的全面教育,其中,"德"主要指道德层面;"智"包括"知识和能力"[①];"体""美""劳"服务于"德"与"智"的发展。

(三)美育是素质教育的再升华

美育与德育、智育、体育相辅相成,相互促进。教育主办者、工作者需就美育是素质教育的再升华达成高度共识,并付诸实践。历史上,蔡元培先生曾把美育提升到与人格教育、全民教育、终身教育同等的地位。蔡先生身体力行,10余年中在北大仅讲授美学课程,写有《美育实施的方法》,鼓励文艺社团开展美育实践。[②]

2015年3月,教育部部长袁贵仁强调,"美育是心灵的教育,是提升一个人、一个高校、一个社会基本素质的重要途径"[③]。2015年9月,国务院办公厅颁发的《关于全面加强和改进高校美育工作的意见》(国办发〔2015〕71号)要求高校开设丰富优质的美育课程,引导学生完善人格修养,增强学生传承弘扬中华优秀文化艺术的责任感和使命感。[④]

第三节　破解大学失德的多维途径

1987年,"素质教育"一词第一次出现在官方话语体系中,但30多年后,素质教育仍未真正"落地"。[⑤]由此,我们需要从高等教育的"内场"与"外场"方面寻找缘由。

一些教育研究者对素质教育未来的发展方向提出了很好的见解,笔者认为更需要着力改善教育的"外场"环境,优化社会道德风气。当前国家着力推行"四个全面""五大发展理念",为素质教育真正"落地"提供了重要契机。"立德"是

---

① 朱高峰.试论素质教育 [J].高等工程教育研究,2009(01):1-5.

② 胡经之.蔡元培的美育精神 [J].深圳大学学报(人文社会科学版),2013(01):5-11.

③ 张宝敏.加快推动学校美育工作　全面落实立德树人根本任务 [N].中国教育报,2015-03-03.

④ 关于全面加强和改进学校美育工作的意见 [GB/OL].http://www.gov.cn/zhengce/content/2015-09/28/content_10196.htm.

⑤ 瞿振元.高校素质教育有待真正落地 [N].光明日报,2015-04-21(013).

一项系统工程,只有通过国家、社会、高校"三位一体"全面、统一的教育,才能使大学生将核心价值观作为行动指南,方能落实国家全面推进素质教育的初衷。

一、社会结构化理论

社会结构化理论认为,若各行各业不按正常的制度办事,潜规则盛行,则社会风气越来越乱,必然导致社会结构更加恶化。但是,其同时强调人具有能动性,社会场域行为主体的行为某种程度上又会反过来影响社会结构的变化和发展。

国家大力推行的社会主义核心价值观——"富强、民主、文明、和谐、自由、平等、公正、法治、爱国、敬业、诚信、友善",反映了对国家、社会、公民个人三个层面"三位一体"的要求。

著名文化学者朱大可先生认为,社会主义核心价值观中的"绝大多数属于人类共同价值,只要没有被蓄意误导,并得到由上而下的全面奉行,它就可能为推进中国社会的进步、促成中国跟世界的无障碍对话,建构重要的精神平台"[①]。他强调不误导、由上而下地全面奉行。因此,笔者认为,践行"四个全面",如果自上而下推行合理的规则(制度)、公平分配资源,通过社会主义核心价值观去引导社会主体的行为,则必然改良、优化、重建现有的社会结构,扭转社会风气。

二、人本发展理论

人本发展理论,又称"五人模型",如图5-1所示。其中,模块一"现象或目标",对应"满足人";模块二"人",即社会行为主体,对应"依靠人",处于核心位置;模块三"制度",对应"引导人",位于最左边意味着对其他模块具有决定性作用;模块四"资源",对应"装备人",位于最上方意味着对行为主体及其他模块具有支撑作用;模块五"分工",对应"安置人",位于最下方意味着对其他模块具有支撑作用。[②]

李佐军博士强调从广义角度定义"制度":是规范人与人之间责、权、利关系的各种规则及其实施机制的总和。在"五人模型"中,制度起决定性作用:制度一方面直接激励、约束人的行为,另一方面通过影响资源和分工间接影响人的行

---

① 朱大可. 走出中国电影的文化瓶颈 [J]. 电影艺术, 2014(03):59-63.
② 李佐军. 人本发展理论——解释经济社会发展的新思路 [M]. 北京:中国发展出版社, 2008:118-119.

为。人的积极性发挥程度、资源的配置状态和分工的深化程度都取决于制度。①

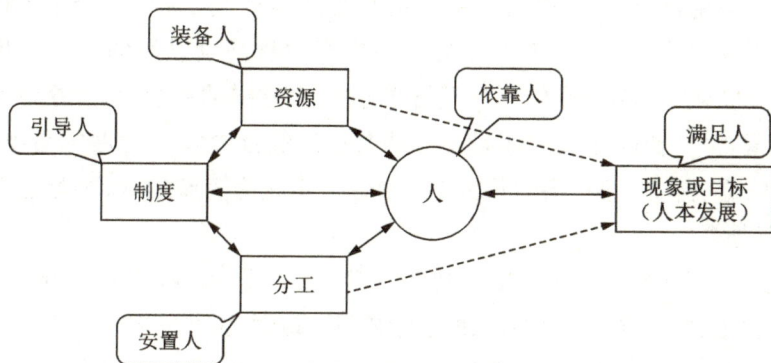

图 5-1 人本发展理论的结构

三、素质教育真正"落地"的构想

根据人本发展理论的分析框架,笔者认为推行"四个全面"、落实"五大发展理念",为素质教育真正"落地"提供了重要契机,必须抓住此机会,方能实现素质教育德、智、体、美、劳、全面发展(图 5-2)。

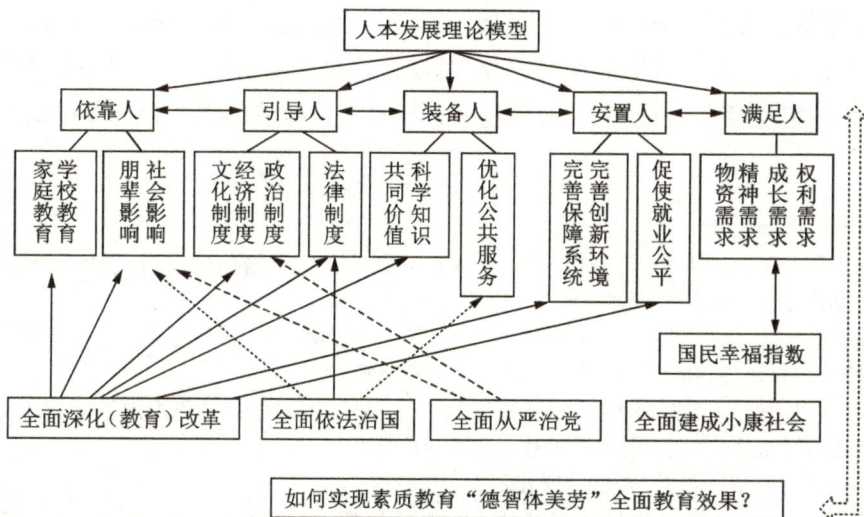

图 5-2 素质教育真正"落地"对策

① 李佐军. 人本发展理论——解释经济社会发展的新思路 [M]. 北京:中国发展出版社,2008:68-69.

第一，全面建成小康社会是满足素质教育真正"落地"、社会个体全面发展的必然要求。马克思指出，一个更高级的社会形式应该是"以每一个个人的全面而自由的发展为基本原则"①，是"社会劳动生产力极高度发展的同时又保证每个生产者个人最全面的发展"的一种经济形态②。在这样的社会里，人扬弃了对私有财产的欲望。③"全面建成小康社会"是向更高级社会主义发展的重要阶段；只有培育公民德、智、体、美、劳全面发展、社会个体成为完整的人，才标志着素质教育真正"落地"。

《管子·牧民》中说，"仓廪实，则知礼节；衣食足，则知荣辱"，并将"礼义廉耻"称之为"国之四维"，强调治国的法宝在于"顺民心""予之为取"④。政府需要着力解决民生问题，让百姓共享改革红利，因为"忧心忡忡的穷人甚至对最美丽的景色都没有什么感觉"⑤。因此，当前需要通过"全面建成小康社会"达到"满足人"——满足社会个体正常的需要和享受。

个体的需要和享受，按照马斯洛的需要层次理论包含生理需求、安全需求、社交需求、尊重需求和自我实现需求。在国家治理层面，这里引入"国民幸福指数"（Gross National Happiness, GNH）这一概念。该概念最早由不丹王国的国王旺楚克于 1972 年提出，他认为政策应该关注人民幸福，并以实现人民的幸福为目标，使人民在物质生活和精神生活之间保持平衡。⑥史蒂文·平克提出社会个体的幸福感涉及人与人之间对所得福利的比较、对过去自身福利的比较、对损失的厌恶。⑦因此，在一定程度上，国民幸福指数越高意味着公民整体的现代化程度越高。

---

① 〔德〕马克思. 资本论（第 1 卷）[M]. 中共中央马克思恩格斯列宁斯大林著作编译局，译. 北京：人民出版社，2004：683.

② 〔德〕马克思，恩格斯. 马克思恩格斯选集（第 3 卷）[M]. 中共中央马克思恩格斯列宁斯大林著作编译局，译. 北京：人民出版社，1995：342.

③ 〔德〕马克思. 马克思 1844 年经济学哲学手稿 [M]. 中共中央马克思恩格斯列宁斯大林著作编译局，译. 北京：人民出版社，1985：80-81.

④ 管仲. 管子 [M]. 杭州：浙江人民出版社，1987：1-4.

⑤ 〔德〕马克思. 马克思 1844 年经济学哲学手稿 [M]. 中共中央马克思恩格斯列宁斯大林著作编译局，译. 北京：人民出版社，1985：83.

⑥ 唐安杰. 政府决策依据的转变：从 GDP 到 GNH[J]. 开放导报，2012（01）：110-112.

⑦ 〔美〕尼克·威尔金森. 行为经济学 [M]. 贺京同，等，译. 北京：中国人民大学出版社，2012：40-41.

第二,全面深化改革是完善国家治理制度和着力引导社会向善的重要路径。根据吉登斯的社会结构化理论,如果国家制度引导社会个体向善,则必然会使社会风气好转。国家制度主要包括政治制度、经济制度、法律制度、文化教育制度等。

政治制度。李克强总理于 2015 年 5 月 6 日在国务院常务会议上痛斥某些政府办事机构给老百姓办事设多道"障碍"[①],并在当日即被我国官方媒体报道出来。该新闻传递出两个信息:第一,个别政府的办事机构仍旧以"官老爷"自居,未履行"公仆"义务。第二,表明中央洞察到了当前国家治理过程中存在的问题,并且用非常接地气的表述"如何'证明你妈是你妈',简直是笑话",一再表明全面深化改革的决心不会动摇。完善国家治理制度的原则正是总理所强调的——民之所望、施政所向;要从全局审视简政放权、放管结合、转变政府职能,删繁就简,最终让老百姓不求人、少求人。

经济制度。贫富过分悬殊是社会不稳定的重要原因之一。经济制度改革的重要原则是:既坚持"按劳分配、多劳多得"的分配原则,又要合理规范各阶层的收入来源,减少"灰色收入",并制定科学的税收政策,在保障生产积极性和缩小贫富差距之间寻求平衡点。

法律制度。要使公民敬畏法律,必须坚守"法律面前人人平等"的底线。法律制度改革的原则是:科学制定法律,完善法律程序,保障公民的合法权益;清理"恶法"和治理玩弄法律之徒,提升执法者在公民心目中的纯洁形象,根除"吃了原告吃被告"的恶劣影响。

文化制度。当前部分文化工作者的素质与文化市场的繁荣的要求尚有一定的距离,文艺界青年需要向德艺双馨的老一辈文艺工作者学习。文化制度改革的原则是:整治娱乐圈,倡导德艺双馨,为社会大众树立良好的形象。高收入群体应积极参与公益事业,使收入"取之于民,还之于民",救助社会弱势群体。

同时,教育制度是文化制度的重要组成部分,既要保证教育公平,又要确保区域优质教育资源处于相对均衡的状态。素质教育如何能真正"落地"?瞿振元从我国的教育领域出发提出了"三个必须"——必须把全面实施素质教育作为教育改革发展的核心理念、必须系统设计和整体规划各级各类教育中素质教育

---

① 李克强痛斥某些办事机构:办个事儿咋就这么难? [GB/OL]. http://politics. people. com. cn/n/2015/0506/c1024-26959161. html.

的重点任务、必须改革人才培养模式和推进教育教学改革。① 同时,要对教师实施分类管理并在教学、科研考核指标上各有侧重;完善辅导员职业发展规划;明确导师责权。

因此,只要完善政治、经济、法律、文化等方面的制度,推进国家治理能力和治理体系现代化建设,就必然会优化、重建社会结构,引导社会大众向善。

第三,全面依法治国是整治高校"外场"环境的必要手段。党的十八届四中全会强调要全面推进依法治国和建立社会主义法治国家。通过法律制度改革和完善法律程序,坚持做到"有法可依、有法必依、执法必严、违法必究"。看问题要考虑交易成本,违法的成本太低是导致一些人和企业不惜触犯法律的重要原因之一。对于不诚信的企业要重罚。只有通过重拳整治高校外场环境,让社会个体、企业敬畏法律、遵守法律,则社会风气必然会好转。

高校是社会的一部分。社会风气的好转会促进高校"内场"风气的好转。同时,高校内部通过全面推进依法治校,完善内部大学治理,建立现代大学制度,也会促进高校内场环境的改善。

言传不如身教,要充分发挥家长、老师、朋辈的正能量,使学生自觉提高道德素质。

第四,全面从严治党是高压反腐纯洁党员队伍和着力践行核心价值观的必要保障。东欧剧变和苏联解体给社会主义国家建设带来了惨痛的代价,也警示我们党的建设在任何时候都不能放松。广大党员应模范践行社会主义核心价值观,给广大社会群众树立好榜样。

"水能载舟亦能覆舟。"共产党人时刻不能忘掉"为人民服务"的精神。全面从严治党,就要抓党的纪律,使纪律成为管党治党的尺子。社会主义核心价值观反映了很多优秀的人类共享价值。只要共产党员全面模范践行社会主义核心价值观,就能引导社会个体共同遵守,并使其成为全社会共同的信仰。

高校实行党委领导下的校长负责制。全面加强高校党的建设,需要从以下方面着手:首先,要提高大学决策的民主化、科学化水平,杜绝高校腐败;其次,加强高校党员干部队伍建设,提高工作效能,增强服务意识。

第五,丰富教育内容和优化公共服务体系是塑造与装备社会个体的重要条件。

---

① 瞿振元. 高校素质教育有待真正落地 [N]. 光明日报,2015-04-21(013).

素质教育必须是对科学知识与人类共同价值的双重教育。研究型大学要注重立德树人,充分发挥专业教育的隐性作用,使青年学生自觉成为社会主义事业的建设者和生力军。一方面,要全面提高教育质量,讲授"高、精、尖"的专业知识;另一方面,要加强社会主义核心价值观教育,并注重开展形式的人性化,将其贯彻到日常的工作、生活当中,使广大教职员工特别是导师潜移默化地对学生发挥言传身教的作用。

同时,必须全力完善社会公共服务体系,为广大人民提供优质的教育资源和完善的社会公共服务体系、良好的生态环境,努力解决老百姓"上学难""看病难""买房难"等问题,提振社会个体对国家发展的信心,增加其认同感。

第六,改善就业环境和完善社会保障系统是妥善安置社会大众的重要手段。如今,进入高等学校学习成为众多家庭一项重要的人力资本投资,而大学毕业生能否顺利就业牵绊着千万家庭的心。目前,政府正大力改善就业环境,消除各种就业歧视,缓解大学生就业难。

社会个体能否得到妥善安置是社会稳定的一项重要指标。2014 年 2 月,国家出台的《社会救助暂行办法》①从法规层面构建了我国的社会救助体系框架,该办法从最低生活保障、特困人员供养、受灾人员救助、医疗救助、教育救助、住房救助、就业救助、临时救助八大方面提出了保障公民的基本生活、促进社会公平、维护社会和谐稳定的要求。2014 年底发布的《国家贫困地区儿童发展规划(2014—2020 年)》旨在确保贫困的地区儿童长得好、学得好。这一系列教育国策均昭示着国家在进步,文明程度在提高。

总之,正如党的十八大报告所强调的,"全面建成小康社会,必须以更大的政治勇气和智慧,不失时机地深化重要领域改革,构建系统完备、科学规范、运行有效的制度体系,使各方面制度更加成熟、更加定型"。素质教育在中国推行 20 多年,其效果始终难以令人满意。问题不光出在教育"内场"中,也有教育"外场"的原因,如"国家与市场"结构化。高校教育孩子一套知识,社会上通行的又是一套"知识",高校教育"两张皮"、社会教育"两张皮",甚至家庭教育是第"三张皮",让孩子无所适从、让高校教育失去说服力。对于这些现实问题,专家建议通

---

① 社会救助暂行办法 [EB/OL]. http://www.gov.cn/zwgk/2014-02/27/content_2622770.htm.

过演讲、对话、教育等方式对市民进行启发,并切实推行一些变革现实的活动。①
只有"国家与市场"走上正确的道路,素质教育才会迎来真正的春天,而这有赖
于将"四个全面"作为一项系统工程,整体建设。可以说,"四个全面"政策的执
行效果将直接影响素质教育的"落地"程度。

第四节　研究型大学践行品德教育的路径

在全面从严治党的氛围影响下,相信通过着力推行"四个全面"和深入贯彻
"五大发展理念",中国社会的道德水平必有所提升,中国特色社会主义核心价值
体系必将发挥重要的作用。研究型大学应成为模范践行道德规范、引领公民向
善的标杆。这是研究型大学作为高深知识生产和传播型组织应肩负的社会责任。
研究型大学如何成为践行社会道德的模范呢? 笔者认为可从以下路径进行。

一、高校内部治理彰显公平正义是最基本的要求

高校作为社会的一部分,内部治理彰显公平正义是最基本的要求。因为"如
果把人类社会比作一座大厦,正义好比支撑整个大厦的中心支柱,它一旦动摇,
这座宏大雄伟的建筑必定会在顷刻间土崩瓦解"②。

高校和企业不同,即便高校内部治理失去公平正义,在财务资源没有枯竭的
情况下,其不会迅速衰落,但却会导致人才流失严重和发展势头减慢。大学治理
一旦失去公平正义,原有的凝聚力将逐步松散,甚至会导致"内耗",原有的战斗
力和干劲、冲劲必然大打打折。如果少数领导为了所谓的"权利""利益"相互倾
轧和进行派系之争,可能会影响学校决策的科学性,使学校错失一些重大的发展
机遇。从这个角度讲,高校治理必须坚持党委领导下的校长负责制,通过党委领
导保持高校治理的正确方向。因此,现代大学治理现代化的特征之一是内部治
理彰显公平正义,彰显现代大学的制度德性。这需要研究型大学中的党员干部
以身作则,在起草、执行学校内部治理制度时能够坚守制度德性,并在生活中自

---

① 〔日〕池田大作,〔意〕奥锐里欧·贝恰. 二十一世纪的警钟 [M]. 卞立强,译. 北京:中国
国际广播出版社, 1988:211.

② 〔英〕斯密. 道德情操论 [M]. 北京:中国致公出版社, 2008:60.

觉抵制不道德的行为。

二、高级知识分子应作为道德言传身教的典范

（一）知识分子的传统情怀

如今，国家颁发的《关于实行以增加知识价值为导向分配政策的若干意见》[1]等文件，将激发知识分子的活力，使知识分子生活得更加体面和有尊严。

同时，重建道德"从上做起"[2]已经形成良好开端。今天的高级知识分子应该重拾知识分子的传统道德和家国情怀，履行"行己有耻"的道德约束和"位卑不敢忘忧国""先天下之忧而忧，后天下之乐而乐"的社会责任。研究型大学的教授们是高深知识的生产者、传播者，他们应秉承古代贤人志士的家国情怀，以高于一般公民的道德标准要求自己，成为践行品德教育言传身教的典范，不断发挥示范作用，并在人际交往中影响他人。

（二）研究生导师的首要责任

"德高为师，身正为范"是对教师的学问和道德的双重要求。"传道、授业、解惑"是教师角色的工作任务，将"传道"置于首要位置寓意教育的首要任务是培养学生具备高尚的道德情操。

研究型大学中的高级知识分子是率先完成个人现代化的群体之一。他们需要积极提升人格魅力，成为品德教育的主力军，同时用言传身教影响青年学生。首先，他们大多是学生导师，在指导学生学业的过程中承担起学生思想政治教育的"首要责任"[3]。品德高尚的导师会通过自身的言传身教，默默地引导学生向善，学生会期望自己"成为老师那样的人，做一个高尚的人"，整个师门就会酝酿出良好的道德影响力。从这样的师门走出来的每一位学生，拥有善良道德的火种，他们身上散发出的道德光芒会影响周围的人一起向善。

---

[1]　中共中央办公厅 国务院办公厅印发《关于实行以增加知识价值为导向分配政策的若干意见》[EB/OL]. http://www. gov. cn/gongbao/content/2016/content_5139814. htm.

[2]　孙立平. "道德滑坡"的社会学分析 [J]. 中国青年政治学院学报, 2001（05）: 65—69.

[3]　关于进一步加强和改进研究生思想政治教育的若干意见 [EB/OL], http://old. moe. cn//publicfiles/business/htmlfiles/moe/s6875/201210/142974. html.

三、将美育进行到底，促进大学生的精神现代化

美育更多的是精神教育，是直接促使人完成精神现代化过程的重要途径。现代化不只是市场化、工业化、城市化带来的高度富足的物质享受，还是一种全面的现代化生活。物质的享受和感官的享乐会受到人体自然本能的限制，一切实际的、工作的、活动的劳顿之后，所需要的都是精神的抚慰。[①]

中国已然是世界第一大经济体，国家地位提升的同时也需相应地承担更多的世界责任。有学者提出，大国崛起需要文化创新，鼓励文化再中国化。中国的"三和文明"（家人和睦、社会和谐、国际和平）是陆地文明，西方的"三争文明"（人人竞争、团体斗争、国际战争）是海洋文明，但人类终将走向"太空文明"——不是每个人飞到太空，而是每个人的生活被太空文明渗透。[②]中国应该在物质现代化实现后提出人类的理论体系，为人类带来更多的精神价值财富。[③]要在全民当中展开教育，通过将美育进行到底，使人力资源大国成为人力资源强国。今天的莘莘学子或许还不够强大，但终究要靠他们影响明天世界的进程。

四、以德治校，促进社区精神现代化

"虽然我们的大学还有着许多负面与不足，但是只要国家在努力办大学，只要大学把自己美好的德行发挥出来，这就是我们的自豪。"[④]研究型大学应该成为以德治校的典范。当前，我国的社会治理采用社区网格化管理，高校作为社区网格的一员应成为践行社会主义核心价值观的主力军，用良好的德行在社区产生示范效应，塑造道德共同体，发挥辐射作用，完成社区精神现代化建设。这样的社区越多，则我们的现代化建设越有成效。

---

① 刘金祥. 论人的精神世界现代化 [J]. 民主与科学，2012（03）：73-75.

② 王岳川，胡淼森. 当代中国文化创新与精神现代化——专访王岳川教授 [J]. 北京大学研究生学志，2008（02）：1-16.

③ 王岳川. 大国文化安全与新世纪文化再中国化——人类应从物质现代化到精神现代化 [J]. 当代文坛，2008（05）：8-11.

④ 王岳川. 大国文化安全与新世纪文化再中国化——人类应从物质现代化到精神现代化 [J]. 当代文坛，2008（05）：8-11.

五、持续宣传社会正能量，深度推进精神现代化建设

传播学四大奠基人之一、美国著名的政治学家拉斯韦尔认为，受众接受主导或集体符号，需要一个精心谋划的宣传策略和各种媒介成年累月地不断宣传、细致耐心地引入，才能慢慢教会受众将象征符号和特殊情感相关联。[①] 因此，需要持续宣传社会主义核心价值观，不断推出充满正能量的深度报道，挖掘"雷锋"和"焦裕禄"式、能影响多代人的典型人物，发挥榜样的激励作用，逐渐引导社会大众"明大德、守公德、严私德"！[②]

[①] 〔美〕斯坦利·巴兰，丹尼斯·戴维斯. 大众传播理论：基础、争鸣与未来. 3 版 [M]. 曹书乐，译. 北京：清华大学出版社，2004：79-81.

[②] 习近平. 习近平谈治国理政 [M]. 北京：外文出版社，2014：173.

结　语

研究型大学治理现代化是研究型大学教育现代化的保障,是研究型大学健康、稳定、可持续发展的必要条件。

一、中华民族优秀的治理文化为大学治理提供了丰富的养分

中华民族的治理文化可谓源远流长,如"德治""仁治""善治"的主张。关于治理策略,强调"水可载舟亦能覆舟""治大国如烹小鲜";关于治理环境(条件),强调"天时地利人和"。语句言简意赅,却又经典准确。这些治理箴言的精髓迁移到研究型大学治理中同样可发挥重要的功效,为研究型大学治理现代化提供了丰富的养分。

研究型大学治理要积极营造"天时地利人和"的氛围,使高校能长足发展,使师生员工能获得体面和尊严。在研究型大学治理当中,"天时"可以理解为外部环境,包括国家高等教育政策、世界高等教育的先进经验;"地利"强调高校获得区域省市的各种支持;"人和"则指校内师生的凝聚力、生产力、创造力被充分激活,支持型校友大力反哺母校。研究型大学治理现代化即探讨通过怎样的善治和制度德性去实现大学发展现代化,继而完成大学人的精神现代化,使我国成为高等教育强国和人力资源强国。

二、研究型大学治理现代化的目标

现代化是一个动态发展的概念,现代化水平更是一个需要参照物进行比较的表述。历史的车轮滚滚向前,较之过往,现代化水平总在不断提高。但是,不同时代的现代化治理理念却有共性,如科学发展观、以人为本的发展理念永远不会过时。

我们认为,研究型大学治理现代化的目标是:大学内部师生员工根据自己的能力和兴趣,找到合适的位置,在机会均等、公正公平、人尽其才的善治制度环境下,只要自身不断努力,就能活出精气神和高质量,拥有较高的收获感、幸福感。诚然,这是一种理想状态,但治理者唯有以师生员工的职业发展、学习发展为中心,使大学内部治理制度具有相应的制度德性,才能激发全体师生员工百舸争流的内生动力,从而使高校发展水平随之水涨船高。因此,研究型大学治理现代化是"以全面提高教育质量为中心,增强师生幸福感、获得感"为发展目标,在此基础上科学决策、民主决策,高效执行,不断提升建设绩效。

换言之,大学治理现代化在一定程度上即是在人本主义的治理理念指导下,实现大学师生员工的精神现代化,使其能在从容、淡定、悠闲的制度环境下,自觉自主地为建设世界一流大学、世界一流学科建设贡献自己全部的光和热;通过共同的价值塑造,科学地进行资源整合和院系调整,以促进高校的可持续性发展大局为重,加快高校现代化建设进程,推动高校实现跨越式发展。

研究型大学内部治理现代化的美好愿景应该是:研究型大学实现"德治、善治",校园里的每个人能最大限度地活出自己的精气神,且幸福感、获得感不断提升。高校通过"分类发展、异岗同酬、多劳多得、缺标评审",实现每个大学人分类发展,人尽其才,让每个大学人根据自己的人生规划、能力、精力,找到各自合适的岗位或归宿并消除焦虑,从而使研究型大学这个巨型组织的每一颗"螺丝钉"在各自的岗位上能发挥最大的能量。

三、研究型大学治理现代化的效果

研究型大学治理现代化旨在达到以下效果。

第一,大学内外部环境发展的现代化。重在谋求"天时地利与人和"的发展氛围,使大学处于"得道多助"的有利局面。这就要求大学治理者对内秉承"公心",主张"正义",摆脱"官本位"思想的影响,构建具有制度德性的现代大学制度,以制度立校、依法治校,并在不违背原则的情况下以"利他主义"和"共情"为原则善待大学每个子群体中的成员,助他们成长;对外有处理各种复杂问题的大智慧,使高校应得的利益不受侵犯,并通过合理、合法的途径为学校发展赢得各种有利的政策和丰厚的回报。

第二,大学功能的现代化。在人才培养方面,研究型大学要立德树人,突出人才培养质量的国际化,培养拔尖卓越人;在科学研究方面,研究型大学的研究水平要赶超并引领世界潮流；在社会服务方面，研究型大学的科技成果转化率应达到世界水平，充分发挥知识分子的责任担当，为国家和地方发展提供具有可操作性的决策参考；在文化传承与创新方面，研究型大学要对中华民族优秀的传统文化进行继承和再创造，并以包容的胸怀，吸收、借鉴世界其他国家人民创造的优秀文化，为我所用；在国际交流与合作方面，研究型大学要为促进人类命运共同体建设发挥其在人才培养、科研合作等方面的巨大潜力。

第三，精神现代化。推行素质教育和美育，使社会主义核心价值观成为年轻人的指路明灯。教育终究要落实到人的身上。研究型大学中的全体师生员工要不断提升现代化水平，成为国之栋梁或者国之栋梁成长路上的引路人、辅助人。

总之，研究型大学治理受大学内部、外部环境影响，同时又通过大学功能改变着外部世界。没有一蹴而就、一成不变、绝对完美的现代大学治理制度，研究型大学治理现代化之路、现代大学制度构建之路也必然需要不断优化、循序向前。

参考文献

[1] 陈学飞.美国高等教育发展史 [M].成都:四川大学出版社,1989.

[2] 宫留记.资本:社会实践工具——布尔迪厄的资本理论 [M].开封:河南大学出版社,2010.

[3] 刘海峰,史静寰.高等教育史 [M].北京:高等教育出版社,2010.

[4] 马万华.从伯克利到北大清华——中美公立研究型大学建设与运行 [M].北京:教育科学出版社,2004.

[5] 沙莲香.社会心理学 [M].北京:中国人民大学出版社,1987.

[6] 沈红.美国研究型大学形成与发展 [M].武汉:华中理工大学出版社,1999.

[7] 王廷芳.美国高等教育史 [M].福州:福建教育出版社,1995.

[8] 严文华.跨文化沟通心理学 [M].上海:上海社会科学院出版社,2008.

[9] 张维迎.大学的逻辑 [M].北京:北京大学出版社,2012.

[10] 周雪光.组织社会学十讲 [M].北京:社会科学文献出版社,2003.

[11] 〔法〕皮埃尔·布迪厄,〔美〕华康德.实践与反思——反思社会学导引 [M].李猛,李康,译.北京:中央编译出版社,1998.

[12] 〔美〕国家研究院国家研究委员会.研究型大学与美国未来:美国繁荣与安全的十大突破性举措 [M].朱健平,主译.长沙:湖南大学出版社,2015.

[13] 〔美〕阿尔伯特·O.赫希曼.退出、呼吁与忠诚对企业、组织和国家衰退的回应 [M].卢昌崇,译.北京:经济科学出版社,2001.

[14] 〔美〕克拉克·克尔.大学的功用 [M].陈学飞,等,译.南昌:江西教育出版社,1993.

[15] 〔美〕罗杰·L.盖格.研究与相关知识——第二次世界大战以来的美国研究型大学 [M].张斌贤,等,译.保定:河北大学出版社,2008.

[16] 〔美〕斯帝芬·沃切尔,等.社会心理学 [M].金盛华,等,译.南京:江苏教

育出版社,2008.

[17]〔美〕休·戴维斯·格拉汉姆,南希·戴蒙德.美国研究型大学的兴起——战后年代的精英大学及其挑战者 [M].张斌贤,等,译.保定:河北大学出版社,2008.

[18]〔美〕詹姆斯·马奇,赫伯特·西蒙.组织 [M].邵冲,译.北京:机械工业出版社,2013.

[19]〔印〕克里希那穆提.教育就是解放心灵 [M].张春城,唐国权,译.北京:九州出版社,2010.

[20]〔英〕阿什比.科技发达时代的大学教育 [M].滕大春,滕大生,译.北京:人民教育出版社,1983.

[21] 荀子 [M].安继民,译注.郑州:中州古籍出版社,2006.

[22] 别敦荣,蒋馨岚.牛津大学的发展历程、教育理念及其启示 [J].复旦教育论坛,2011(02):72-77.

[23] 别敦荣,隆芳敏.剑桥大学的发展历程、教育理念及启示 [J].现代大学教育,2011(04):36-41.

[24] 陈中浙.论荀子的"养人之欲"观 [J].哲学研究,2008(10):63-67.

[25] 杜时忠.制度德性与制度德育 [J].高教探索,2002(04):11-13+6.

[26] 何克抗.大数据面面观 [J].电化教育研究,2014(10):8-16.

[27] 林曾.信息与决策:美国伊利诺伊州立大学的院校研究 [J].清华大学教育研究,2013,34(06):76-83.

[28] 刘宝存.大学的创新与保守——哈佛大学创建世界一流大学之路 [J].比较教育研究,2005(01):35-42.

[29] 刘春华.吉尔曼与约翰·霍普金斯大学的崛起 [J].高校教育管理,2017(01):14-20.

[30] 马陆亭,叶桂仓.高等教育研究的繁荣与危机 [J].中国高教研究,2016(10):11-16.

[31] 瞿振元.扎实推进高等教育现代化 [N].人民日报,2016-01-31(005).

[32] 曲钦岳,冒荣.研究型大学与创造型人才的培养 [J].中国高教研究,1999(02):7-10.

[33] 沈红.研究型大学的基本要素及其体制和组织满足.教育研究 [J],2003(01):64-68.

[34] 史静寰,赵可,夏华.卡内基高等教育机构分类与美国的研究型大学 [J].北京大学教育评论,2007(02):107-119.

[35] 眭依凡.高等教育现代化的理性思考 [J].高等教育研究,2014(10):1-10.

[36] 眭依凡.论大学的善治 [J].江苏高教,2014(06):15-21.

[37] 王英杰.论大学的保守性——美国耶鲁大学的文化品格 [J].比较教育研究,2003(03):1-8.

[38] 许晓东,王锦华,卞良,等.高等教育的数据治理研究 [J].高等工程教育研究,2015(05):25-30.

[39] 俞可平.治理和善治:一种新的政治分析框架 [J].南京社会科学.2001(09):40-44.

[40] 张磊.科教融合的结构化与研究型大学的起源——约翰·霍普金斯大学的制度创新 [J].高等教育研究,2016(05):79-86.

后　记

本书能够得以出版，要感谢的人实在太多。

1997年的大学开学季，我与父母在湖北武穴登上轮船，费时一晚，终于踏上了武汉这片热土。2001年，我本科毕业，破格留校，最终在武汉立足生根。一路走来，要感谢许多领导、同事对我的呵护、关怀与帮助。他们是中南财经政法大学的吴汉东教授、杨志光研究员、刘可风教授、姚莉教授、邹进文教授、王文贵研究员、李格非教授、殷修林教授、蒋雪岩教授、胡德才教授、周佳玲研究员、李先卓研究员、卢现祥教授、高利红教授、阮世喜研究员、杨红侠研究员、陈勤舫研究员和校报周苏展主编、徐志持老师，等等。

"三人行必有我师焉。"近十年来，我犹如一名在海边捡贝壳的孩童，不断地从各种讲座、会议中汲取做研究的思想火花，从与一些教授、青年学者的交谈中收获灵感。这些经历都使我获得了提升，在此一并表示感谢。特别感谢新制度经济学家卢现祥教授、环境法专家高利红教授，与两位专家先后共事的日子，使我收获颇多，部务会成了"头脑风暴"场，并让我开始关注大学制度建设。本书中的一些内容正是参考了这两位专家在部务会和其他会议上的讲话精髓。

感谢徐警武研究员，是他鼓励我将"工作内容成果化"，以工作内容为研究素材，用研究成果改进工作，本书的部分内容正是我近十年来参与学校一些专项工作后的实践思考。他还介绍我认识了厦门大学教育研究院的别敦荣教授，并近距离地向潘懋元先生讨教。感谢中南财经政法大学的陈柏峰教授，本书中的某些观点来自他的启发。感谢武汉理工大学的李志峰教授，他激励我尝试学术创新。

感谢华中科技大学与冰岛大学联合培养的黄容霞博士，是她引荐我结识华中科技大学教育科学研究院的多名教授、青年学者以及中国人民大学教育学院的周光礼教授，等等。感谢哥伦比亚大学的骆美博士，她与我分享了很多真知灼

142

见,让我倍受启发并转向研究大学治理。感谢清华大学公共管理学院的朱旭峰教授接受我的突然造访并不吝指导。感谢《中国高教研究》副主编、编辑部主任范笑仙老师对青年学人的大力扶持,让我坚定了学术理想。

感谢这个伟大的时代。这个开放的时代,让我得到了各种"游学"的机会。得益于"地利"优势——两校骑行距离约半小时,我曾是华中科技大学教育科学研究院的"常客",旁听了多场讲座。我曾向北京大学的陈学飞教授请教怎样从浩瀚的文献中捕捉到需要的文献,著名学者的轻轻点拨,让我受益匪浅。2014年、2015年的盛夏,我相继参加了武汉大学社会学系、北京大学社会学系举办的教育社会学暑期学校,为我叩响了教育社会学的大门。在这个科技充分释放魅力的时代,通过各种新媒体(QQ、微信等),我便捷地获得了很多有用的信息。

感谢中南财经政法大学发展规划部的各位同事,他们帮我分担了部分工作,使我得以有更多的时间对先前的工作予以总结。

感谢中国海洋大学出版社的编辑,是他们的认真和负责,使本书最终能顺利出版。

最后,特别要感谢我的家人,父母的声音和孩子的笑容是缓解我的疲乏、催我继续奋斗的催化剂。

总结过往,是为了新的开始,期待中国的研究型大学治理现代化早日实现!

郭华桥
2017 年 4 月